응답되는 기도

ANSWERED PRAYER

Copyright 1994 © by Whitaker House
Korean edition © 2011 by Dreambook Publishing House
with permission of Whitaker House, Inc.

All rights reserved.

이 책은 Whitaker House, Inc.사와 드림북출판사와의
독점 계약에 의해 한국에서의 출판권은 본사에서 소유하고 있습니다.
저작권법에 의해 한국 내에서 보호를 받는 저작물이므로
무단 전재와 복제를 금합니다.

응답되는 기도

· 초판 1쇄 발행 2011년 4월 1일

· 지은이 E.M. 바운즈   옮긴이 박민희
· 펴낸이 민상기 · 편집장 이숙희 · 펴낸곳 도서출판 드림북
· 등록번호 제 65 호 · 등록일자 2002. 11. 25.
· 경기도 의정부시 가능1동 639-2(1층) · Tel (031)829-7722, Fax(031)829-7723

· 책번호 47 · ISBN 978-89-92143-37-0 03230
· 잘못된 책은 교환해 드립니다.
· 이 출판물은 저작권법에 의해 보호를 받는 저작물이므로 무단 복제할 수 없습니다.
· 독자의 의견을 기다립니다.
· www.dreambook21.co.kr

기도는 영을 살리는 호흡이다

응답되는 기도

E.M. 바운즈 지음 | **박민희** 옮김

드림북

서론

에드워드 맥켄드리 바운즈(Edward McKendree Bounds)는 웨슬리(Wesley)처럼 "실천적인 비전의 사람"으로 모든 영적 요소들을 두루 갖춘 비할 데 없이 탁월한 신앙인이었다. 그는 자기 동료들의 복지에 대한 무한한 관심과 하나님과의 끊임없는 영적 교감을 통합시켰다. 바운즈에게 기도는 가장 중요한 것이었다. 기도는 인간과 하나님을 이어주었고, 인간의 약점과 (그것을) 극복하게 하시는 예수님의 능력을 이어주었다.

에드워드 바운즈의 사역의 영향을 받아 회심하게 된 테네시주 내쉬빌의 해인즈 박사(Dr. B. F. Haynes)는 1913년에 다음과 같이 썼다.

> 우리가 그 탁월한 성자(saint)를 처음 본 것은 남북 전쟁이 끝나갈 무렵이었다. 그 때 그는 제복을 입고서 테네시주의 우리 마을로 왔다. 우리는 당시 어린애 같은 우리 마음이 특히 밝은 황동색 단추로 꽉 채운 진으로 된

회색 재킷에 얼마나 매료되었는지 기억하고 있다.

그는 우리 작은 감리교회를 담임했다. 우리는 그가 영혼을 감동시키는 정념(pathos)과 열정으로 "빛나고 높은 보좌와," "감미로운 예수님의 이름," "오래 기뻐하리"와 같은 오래된 고전 찬송들을 읽던 것을 기억하고 있다. 종종 어린애 같은 우리의 발이 교회당 문에 가까이 갈 때, 우리가 이전에 그가 읽는 것을 들었던 그 놀라운 찬송들 중 하나를 다시금 그가 읽어주었으면 하는 기대가 무심결에 우리 마음속에 솟아오르곤 했다. 그는 설교를 하기 전에 언제나 아주 맑은 목소리로 개회 찬송을 읽어줌으로써 우리의 청순한 마음을 압도했다.

그리고는 설교가 이어졌다! 누가 그것을 묘사할 수 있을까? 그의 설교는 간결하고 솔직하고 감동적이었으며, 언제나 그것이 겨냥하고 있는 곳—듣는 자의 마음—을 향했다. 그는 마을의 작은 기도모임에서 큰 소리로 하나님을 찬송하는 동안 줄곧 얼굴에 천국의 미소를 머금곤 했었는데, 경건하고 몸집 작은 그의 모습은 우리 어린 시절의 기억 속에 있는 감미롭고 친근한 영상이다.

그는 타고난 지성이 탁월했고 영적 통찰력이 탁월했으며 찬송이나 하나님의 말씀으로부터 복음을 읽어내는데 탁월했다. 문필이 탁월했고 자신의 하나님 아버지께 기도하는 일은 더더욱 탁월했다. 또한 아버지로서, 친구로서, 남편으로서, 그리고 상담가로서 탁월했고 순전한 신앙, 즉 진리와 하나님께 굽히지 않는 충실에 탁월했으며 겸손과 불평 없는 순종 그리고 중보기도에 가장 탁월했다. 바운즈 박사는 실제 그가 알려진 것에 비해 비교적 알려지지 않은 삶을 살았다. 그러나 그의 저작들은 그의 다음에 올 것이다. 우리는 그의 사후의 명성이 해마다 더해질 것이며, 그는 비록 죽었지만 살아 있을 때보다 더 널리 그리고 더 많은 가시적인 결과들로 계속해서 말할 것이라고 믿는다.

바운즈에게 기도는 숨쉬는 것처럼 자연스러운 것이었다. 그는 기도를 자신의 삶에서 가장 우선적인 것으로 만들었다. 왜냐하면 그는 그것이 인간과 하나님 사이를 이어주는 가장 강한 연결고리라는 것을 잘 알고 있었기 때문이다. 바운즈의 시대에 인간의 약점은 기도를 통해 하나님의 극복하게 하시는 아들 예수 그리스도의 능력에 접근할 수 있었다. 그것은 오늘날도 마찬가지이다.

contents

서론 / 4
1. 기도의 사역 / 9
2. 기도와 약속 / 15
3. 더 많은 기도의 약속 / 27
4. 기도의 가능성 / 41
5. 기도의 잠재성 / 57
6. 기도의 생명력 / 67
7. 기도의 광범위한 범위 / 77
8. 역사 속의 기도 / 87
9. 역사적 관점에서 본 기도 / 98
10. 기도의 응답 / 108
11. 기도에 대한 반응 / 122
12. 응답 받는 기도 / 132
13. 기도의 기적들 / 145
14. 기도를 통해 나타나는 하나님의 경이들 / 163
15. 기도와 하나님의 섭리 / 184
16. 하나님의 공급과 기도 / 202

기도의 사역

기도는 우리가 하는 호흡이어야 하고, 우리가 하는 사고이어야 하고, 우리가 느끼는 혼이어야 하고, 우리가 살아가는 삶이어야 하고, 우리가 듣는 소리이어야 하며, 우리가 해 가는 성장이어야 한다. 기도를 그 크기로 보면 그 길이는 끝없이 길고, 그 너비는 한없이 넓고, 그 높이는 끝없이 높으며, 그 깊이는 바닥이 보이지 않을 만큼 깊다. 기도는 그 너비가 한이 없고, 높이가 무한하고, 깊이가 헤아릴 수 없으며, 범위가 무한히 넓다.

―호머 호지(Homer W. Hodge)

기도의 사역은 특별히 하나님의 모든 성도들의 특징이 되어 왔다. 그것은 그들이 지닌 능력의 비밀이었다. 그들 사역의 에너지와 혼은 기도생활에서 나왔다. 사람은 본래 항상 친절하고 공정하고 진실 되게 판단할 수 없을 뿐만 아니라 황금률을 행동에 옮길 수 없다는 것을 감안하면 외부의 도움이 너무나 필요하기 때문에, 기도는 사람이 하나님의 뜻에 따라 이 모든 일을 행할 수 있는 능력을 준다고 예수님은 말씀하셨다. 사람은 기도를 통해 사랑의 법을 느끼고 사랑의 법에 따라 말하며 사랑의 법에 맞게 모든 것을 할 수 있는 능력을 얻게 된다.

하나님은 우리를 도우실 수 있다. 하나님은 아버지이시다. 우리에게는 "정의를 행하며 인자를 사랑하며 겸손하게 하나님과 함께 행하는 것"(미 6:8)을 도우시는 하나님의 선하신 일이 필요하다. 우리는 친밀하고 현명하고 고귀하게 행하고 참되고 자비롭게 판단하기 위해서 하나님의 도우심을 필요로 한다. 우리는 기도를 통해 자신의 방식으로 이 모든 일을 할 수 있도록 도우시는 하나님의 도우심을 얻게 된다. "구하라 그리하면 너희에게 주실 것이요 찾으라 그리하면 찾아낼 것이요 문을 두드리라 그리하면 너희에게 열릴 것이니"(마 7:7).

로마서에는 하나님께 우리 자신을 전부 드리는 결과로 우리가 얻게 되는 기독교의 은혜와 의무들에 관한 말씀이 있다. 거기에는 "기도에 항상 힘쓰며"라는 말씀이 나오는데, 그 앞에는 "소망 중에 즐거워하며 환난 중에 참으며"라는 말씀이 나오고, 그 뒤에는 "성도들의 쓸 것을 공급하며 손 대접하기를 힘쓰라"는 말씀이 나온다(롬 12:12-13). 이와 같이, 바울은 이 풍부하고 진귀한 은사들과 이타적 의무들—그것들은 무척이나 달콤하고 밝고 관대하며 이타적이다—은 그 중심과 근원에 기도의 능력이 있는 것처럼 썼다.

여기에 사용된 **항상**(continue)이란 말은 성령님이 그 모든 풍성하고 영광스러운 복과 함께 강림하신 오순절에 제자들이 기도할 때 사용했던 말과 같은 것이다. 바울은 골로새서에서 "기도를 계속하고(continue) 기도에 감사함으로 깨어 있으라"(골 4:2)고 말하면서 기도의 봉사를 강조할 때도 그 말을 사용했다. 그 말은 어원상 "단단히 그리고 굳게 붙잡는 것, 계속해서 주의를 기울이는 것"을 의미한다. 그것은 머물러 확고하게 버티어내는 힘과 능력을 나타낸다.

사도행전 6장 4절은 "오로지(continually) 기도하는 일에 힘쓰리라"고 말하고 있다. 그것은 지속성과 용기 그리고 굴하지 않는 끈기를 나타낸다. 그것은 어떤 일에 현저한 주의와 깊은 관심을 기울임으로 그 일이 두드러지고 또 통제가 가능하도록 하는 것을 뜻한다.

이것은 "계속하라"(continue)는 요구에서 한 걸음 더 나아가는 것이다. 기도는 끊임없고 간단없고 꾸준해야 한다. 그리고 그것은 소원이나 행위 또는 영에 방해가 되지 않아야 한다. 기도의 태도에는 항상 영과 삶이 있어야 한다. 항상 무릎을 꿇지는 않을지라도, 그리고 입술은 항상 기도 소리를 내지는 않을지라도, 영은 항상 기도의 행위와 교통 가운데 있어야 한다.

기도의 시간을 위한 삶이나 영이 제한을 받아서는 안 된다. 기도의 영이 모든 시간과 때를 감미롭게 지배하고 조절해야 한다. 우리의 활동과 일은 우리의 헌신과 기도 시간을 거룩하게 하는 그 동일한 영 안에서 행해져야 한다. **끊임없이, 간단없이, 꾸준하게**와 같은 말들은 충만하게, 계속적으로 그리고 자연스럽게 흘러가는 아르투아(수압으로 물이 솟아나도록 깊게 판 우물)식 시내처럼 부유함과 에너지 그리고 약해지지 않고 끊임없는 힘을 나타낸다. 그와 같이 기도를 익히 알고 있는 하나님의 사람은 언제 어디서 만나든지 그로부터 기도의 흐름이 충만하게 흐르는 것을 보게 된다.

그러나 성령님이 우리에게 날라다 주시는 말로 다 할 수 없는 모든 이익들은 그 방식과 결과 모두 기도에 근거한다. 성령님과 그분의 큰 은혜는 그저 몇 번 기도할 때 임하는 것이 아니라 억제할 수 없는 간절한 소원에 의해 불붙는 기도를 할 때 임한다. 그 기도는 부정할 수 없는 필요가 따르기 마련이며, 최고로 좋은 것을 얻고 하나님이 우리를 위해 창고에 쌓아두신 최고이면서 궁극적인 복을 얻을 때까지 내버려두지 못하고 또한 결코 쇠하지 않을 확고한 결의가 따르기 마련이다.

첫 번째 그리스도이시며 그 이름이 영원히 송축을 받으시고 경배를 받으실 우리의 큰 대제사장이신 예수님은 자비로우신 보혜사요 신실하신 인도자요 천부의 재능을 지니신 교사요 두려움이 없으신 대변자요 헌신적인 친구요 전능하신 중보자이시다. 다른 그리스도이시며 "다른 보혜사"(요 14;16)이신 성령님은 첫 번째 그리스도가 가지고 계셨던 부드러움과 감미로움, 충만함과 능률을 모두 가지고 이 모든 복된 관계들인 교제와 권위 그리고 도움의 관계 속으로 들어오신다.

첫 번째 그리스도는 기도의 그리스도가 아니셨던가? 그분은 하나님께 "심한 통곡과 눈물로 간구와 소원을 올"(히 5:7)리지 않으셨던가? 그분은 인간을 위해 번민하며 하나님께 매달리실 때 하늘 외에는 누구도 듣지 못하도록 기도하기 위해 조용하고 한적하고 어두운 곳을 찾지 않으셨던가? 그분은 영원히 살아 계시는 분으로 지금은 아버지 하나님 우편에 앉아 계시며 그곳에서 우리를 위해 기도하고 계시지 않으신가?(로마서 8장 34절과 히브리서 7장 25절을 보라.)

그렇다면 다른 그리스도이시며 다른 보혜사이신 성령님은 얼마나 참되게 예수 그리스도를 기도의 그리스도로 나타내시겠는가! 다른 그리스도이신 보혜사 성령님은 자신을 황량한 산 속이나 어둠 깊은 곳에 헛되이 심지 않으시고, 인간의 마음의 차갑고 어두운 곳에 심으시고는 갈등을 일으키게 하여 그 마음에 기도의 필요성과 형식을 가르치신다. 진리의 영이신 하나님의 보혜사는 인간의 마음속에 이 세상의 엄청난 필요의 짐을 두시고 인간의 입술로 하여금 그 마음의 말할 수 없는 탄식을 입 밖으로 내게 하신다!

성령님은 참으로 전능하신 기도의 그리스도이시다! 그분은 진정 마음속에 타오르는 온갖 (세속적인) 불을 끄시고 거룩한 소원의 불을 붙이신다! 그분은 자신이 "하나님의 뜻대로 성도를 위하여 간구하"(롬 8:27)시면서 기도하는 것처럼, 우리가 의지와 머리와 가슴과 입으로 기도할 때까지 참으로 젖을 갓 뗀 아이처럼 모든 자기의지를 잠잠하게 하신다.

기도와 약속

현재에 "당신을 적대하여 괴롭게 하는" 사람들이 있을지라도 절대로 절망할 필요가 없다. 왜냐하면 비록 당신의 모든 주장과 설득이 실패한다 할지라도, 다른 방법이 아직 남아 있기 때문이다. 즉 다른 방법들이 아무런 효력이 없을 때 효과가 있다고 자주 알려진 방법이 있는데, 그것은 기도이다. 그러므로 다른 사람들을 위해서건 아니면 당신 자신의 영혼을 위해서건 당신이 바라거나 원하는 것이 있다면 무엇이든지, "구하라 그리하면 너희에게 주실 것이다."
—요한 웨슬리 (John Wesley)

약속이 없는 기도는 정도를 벗어나고 근거가 없게 된다. 기도가 없는 약속은 희미하고 침묵하고 그림자 같고 비인격적이 된다. 사도 베드로는 하나님이 우리에게 "보배롭고 지극히 큰 약속"(벧후 1:4)들을 주셨다고 선언했다. 그러므로 그것들은 보배롭고 지극히 큰 약속들이기 때문에 그리고 바로 그 이유 때문에, 우리는 우리의 "믿음에" 덕을 "더하고" 또한 공급해야 한다(벧후 1:5). 믿음에 덕을 더함으로 그 약속들은 우리에게 통용되고 또한 유익하게 된다. 그 약속들을 중대하고 보배롭고 실제적이 되게 하는 것은 바로 기도이다. 사도 바울은 그토록 풍성하게 약속된 하나님의 은혜는 기도에 의해서 작용하고 효과적이 되었다고 망설임 없이 선언했다. "너희도 우리를 위하여 간구함으로 도우라"(고후 1:11).

하나님의 약속들은 "보배롭고 지극히 큰" 말씀인데, 그 말씀은 기도할 때 우리의 기대가 기초하는 토대들로서 그 가치는 지극히 크며 그 범위는 넓다는 것을 분명하게 나타낸다. 하나님의 약속들이 아무리 크고 보배롭다 할지라도, 그것들의 실현은 그리고 그 실현의 가능성과 조건은 기도에 근거한다. 이 약속들은 믿는 성도들과 전 교회에 참으로 영광스럽다! 장래의 빛과 꽃, 그리고 그것의 충만함과 구름 한 점 없는 한낮의 영광은 진정 하나님의 약속들을 통해 우리에게 비쳐온다! 그렇지만 이 약속들은 기도하지 않는 마음에는 꽃이나 열매에 대한 소망을 결코 가져다 주지 못했다. 이 약속들이 아무리 많고 귀하다 하더라도, 기도하지 않는 교회에는 천년왕국의 영광을 가져다 줄 수가 없다. 기도는 약속을 풍부하게 하고 열매를 맺게 해준다. 그리고 그것은 약속을 지각할 수 있는 현실이 되게 할 수 있다.

광범위하고 강력한 작용 속에서 예중되는 영적 에너지로서의 기도는 하나님의 약속들을 위한 길을 내며 그것들이 실제로 실현되게 해 준다.

하나님의 약속들은 생명과 경건과 관계가 있고 몸과 혼과 관계가 있으며 시간과 영원과 관계가 있는 모든 것을 포함한다. 이 약속들은 현재를 축복하며, 그것들의 은혜가 무한하고 영원한 미래에까지 이르게 한다. 기도는 이 약속들을 계속 유지시켜 열매를 맺게 한다. 약속들은 우리가 기도의 손으로 따야하는 하나님의 귀중한 열매이다. 약속들은 우리가 기도로 뿌리고 경작해야 하는 하나님의 썩지 않을 씨이다.

기도와 약속들은 상호의존적이다. 약속은 기도에 영감을 주고 활력을 불어넣지만, 기도는 약속을 찾아내어 그것을 실현시킨다. 약속은 잔뜩 내리는 복된 소나기 같지만, 기도는 그 비를 보내고 보관했다가 다시 내보내는 파

이프같이 이 약속들이 직접적이 되고 개인적이 될 때까지, 그리고 그것들이 복되고 생생하게 되며 풍부하게 될 때까지 그것들을 한 곳에 응집시킨다. 기도는 약속을 취하여 놀랄만한 결과를 낳도록 그것을 이끌어가며, 장애물들을 제거하면서 그 약속이 영광스럽게 성취될 수 있도록 평탄한 길을 낸다.

하나님의 약속들은 "보배롭고 지극히 큰" 반면에 구체적이고 분명하고 개인적이다. 아브라함에게 주신 하나님의 약속은 참으로 현저하고 분명하다!

> 여호와의 사자가 하늘에서부터 두 번째 아브라함을 불러 이르시되 여호와께서 이르시기를 내가 나를 가리켜 맹세하노니 네가 이같이 행하여 네 아들 네 독자도 아끼지 아니하였은즉 내가 네게 큰 복을 주고 네 씨가 크게 번성하여 하늘의 별과 같고 바닷가의 모래와 같게 하리니 네 씨가 그 대적의 성문을 차지하리라 또 네 씨로 말미암아 천하 만민이 복을 받으리니 이는 네가 나의 말을 준행하였음이니라 하셨다 하니라.(창 22:15-18)

그러나 리브가는 약속의 통로였지만 아이가 없었다. 아

이를 가질 수 없는 그녀의 태는 하나님의 약속을 성취하는데 극복할 수 없는 장애물이었다. 그러나 시간이 흘러 그녀에게 아이가 생겼다. 이삭은 기도의 사람이었고 그를 통해 그 약속이 성취되었다. 따라서 우리는 다음의 말씀을 읽게 된다. "이삭이 그의 아내가 임신하지 못하므로 그를 위하여 여호와께 간구하매 여호와께서 그의 간구를 들으셨으므로 그의 아내 리브가가 임신하였더니"(창 25:21).

이삭의 기도는 하나님의 약속이 성취될 수 있는 길을 열어놓았고, 그것이 놀랍게 성취되도록 했으며, 약속을 효력 있게 하여 놀라운 결과를 산출할 수 있도록 했다.

하나님은 야곱에게도 말씀하셨고 그에게 분명한 약속을 주셨다. "네 조상의 땅 네 족속에게로 돌아가라 내가 너와 함께 있으리라 하신지라"(창 31:3). 야곱은 그 약속에 따라 즉시 행했다. 그러나 에서는 강하게 일고 있던 복수심과 죽일 의도를 가지고 야곱에게로 향했는데, 그것들은 오랫동안 품어온 앙심이었기에 한층 더 무서웠다. 안절부절하며 기다리고 있던 야곱은 이윽고 하나님의 약속을 붙잡고 밤이 맞도록 기도했다. 처음에는 조용하고 평온하게 기도하다가 밤의 적막과 고독과 어두움이 그를 엄습할 때, 그는 밤이 새도록 씨름하면서 기도했다.

나, 이 밤이 새도록 당신과 함께 머물려 합니다.
그리고 날이 새도록 씨름하려 합니다.

이 문제에는 하나님의 존재가 관련되어 있었고 그분의 약속이 위기에 처해 있었으며 다른 많은 것들이 포함되어 있었다. 에서의 기질, 그의 행동 그리고 그의 성격이 포함되어 있었다. 매우 중요한 순간이었고, 많은 것이 그 순간에 달려 있었다. 야곱은 계속해서 자신의 입장을 밀어붙였고, 심히 몸부림을 치고 안간힘을 쓰면서 간구했다. 그의 간구는 귀찮을 정도로 집요한 최고 형태의 매달림이었다. 그러나 마침내 승리를 쟁취했다. 그의 이름이 바뀌었고 성품도 변했다. 그는 전과는 전혀 다른 새로운 사람이 되었다.

무엇보다도, 야곱 자신이 구원을 받았다. 그의 생명과 영혼이 복을 받았다. 그리고 그 이상의 것도 이루게 되었다. 에서의 마음도 급격히 변화되었다. 마음속에 동생에 대한 증오와 복수심을 품고 만나기만 하면 그를 죽여버리겠다는 생각을 하면서 동생을 향해 오던 그가 이상하게도 그리고 놀랍게도 감동을 받고 변화를 경험하게 된 것이다. 그는 바뀌었고 동생에 대한 그의 모든 태도도 급격히 달라졌다. 그리고 두 형제가 서로 만났을 때 사랑이 두려움과 증오를 대신했고, 그들은 참된 형제애를 나타내면서 서로 경쟁했다.

하나님의 약속이 이루어졌다. 그러나 그것을 위해 야곱은 온밤을 지새면서 매달려 끈질기게 기도해야 했다. 그 약속을 확실하게 하고 그것이 열매를 맺도록 하기 위해 야곱 편에서 그 두려운 밤을 지내면서 씨름할 필요가 있었다. 기도가 놀라운 일을 해냈다. 그러므로 오늘날에도 그와 같은 기도는 동일한 결과를 낳을 것이다. 그토록 놀랍게 그런 결과를 거두고 마친 것은 바로 하나님의 약속과 야곱의 기도였다.

"너는 가서 아합에게 보이라 내가 비를 지면에 내리리라"(왕상 18:1)는 말씀은 심한 가뭄이 그 땅을 뒤덮은 후에 하나님이 자신의 종 엘리야에게 주신 명령과 약속이었다. 엘리야가 영웅 같은 담대한 믿음과 굽히지 않는 용기를 나타내 보인 그 날, 놀랄만한 결과들이 많이 나타났다. 이스라엘에게 아주 중요한 문제가 성공적이 되어 하늘로부터 불이 내렸고, 이스라엘은 갱신되었으며, 바알의 선지자들은 죽임을 당했다. 그러나 비는 내리지 않았다. 하나님이 약속하신 한 가지 일, 즉 그 유일한 일은 이루어지지 않았다. 날은 저물어가고 있었고, 두려움에 쌓여 있던 군중들은 기가 죽어 있었지만, 보이지 않는 손이 그들을 붙잡고 있었다.

엘리야는 마지막 문제와 최종적인 승리를 위해 이스라엘과 바알에게서 돌아서서 유일한 도움의 근원이 되시는 하나님께로 향했다. 그리고는 일곱 번을 쉬지 않고 간절히 기도했다. 일곱 번째 기도가 끝났을 때 그의 기도가 응답되었고 마침내 약속이 이루어졌다. 엘리야의 정열적이고 가차없는 기도를 통해 하나님의 약속이 궁극적인 결과들로 나타나게 되었다. 마침내 큰비가 내린 것이다.

> 주님, 주님의 약속은 언제나 틀림이 없습니다.
> 그래서 주님의 집에 거하려는 자마다
> 그 행복한 정거장에 안착하려는 자마다
> 거룩함이 남보다 뛰어나야 합니다.

우리의 기도는 너무 작고 약해서 목적들을 달성하지 못

하며 충당하는 능력으로는 하나님의 약속들을 주장하지 못한다. 놀라운 목적들은 그것들을 달성하기 위해 놀라운 기도가 필요하다. 기적을 낳는 약속들은 그것들을 실현시키기 위해 기적을 낳는 기도가 필요하다. 오직 신령한 기도만이 신령한 약속들을 작용할 수 있게 하거나 신령한 목적들을 달성할 수 있게 한다. 하나님이 자기 백성들에게 하시는 약속들은 정말로 크고 정말로 숭고하며 정말로 고귀하다! 하나님의 약속은 정말로 영원하다! 하나님의 약속들은 그토록 "보배롭고 지극히 큰" 것인데도, 왜 우리는 그토록 경험이 빈약하고 우리의 삶은 그토록 맥이 없는가? 왜 하나님의 영원한 목적들은 그토록 느리게 진행되는가? 왜 그것들은 그토록 빈약하게 이루어지는가? 그 대답은 이것이다. 그것은 우리가 하나님의 약속들을 자신의 것으로 삼지 못했고, 우리의 믿음의 기초를 그 약속들에 두지 못했으며, 믿음으로 기도하지 못했기 때문이다. "너희가 얻지 못함은 구하지 아니하기 때문이요 구하여도 받지 못함은 정욕으로 쓰려고 잘못 구하기 때문이라"(약 4:2-3).

기도는 하나님의 목적과 약속에 근거한다. 기도는 하나님께 대한 순종이다. 기도는 추호도 하나님의 뜻을 불충하게 거스르지 않는다. 이루 말할 수 없는 번민의 시간에 생기는 괴로움과 무거운 짐으로 인해 다음과 같이 울부짖을지도 모른다. "만일 할 만하시거든 이 잔을 내게서 지나가게 하옵소서"(마 26:39). 그러나 곧이어 가장 아름답고 즉각적인 순종이 뒤따라야 한다. "그러나 내 원대로 마시옵고 아버지의 원대로 되기를 원하나이다"(눅 22:42).

그러나 기도는 그 일정한 형식과 심오한 흐름에 있어서 하나님의 뜻에 대한 의식적인 따름으로, 그 뜻은 하나님의 말씀의 직접적인 약속에 근거하며 성령의 조명과 적용 하에 있다. 하나님의 말씀이 기도의 확실한 토대라는 것보다 더 확실한 것은 없다. 우리는 우리가 하나님의 말씀을 믿는 만큼 기도한다. 기도는 예수 그리스도 안에서 하나님이 계시하신 약속들에 직접적이고도 구체적으로 근거한다. 간구가 근거할 수 있는 다른 토대는 없다. 그밖에 다른 모든 것은 그림자 같고 믿을 수가 없으며 변덕스럽다. 우리의 느낌이나 우리의 공로나 우리의 행위가 아니라 하나님의 약속이 믿음의 기초요 기도의 견고한 토대이다.

이제 나는 찾았네.

내 영혼의 닻을 내릴 확실한 토대를.
예수님의 상처,
그것은 나의 죄를 위한 것일세.
세상의 토대가 무너지기 전,
그분 나를 위해 죽임을 당하셨네.

위의 진술은 바꾸어 말해도 역시 참되다. 하나님의 약속들은 그것들을 전유하고 그것들을 의식적으로 성취하기 위해 기도에 의존하며 기도에 의해 조절된다. 그 약속들은 기도에 의해서 우리 안에 심겨지고 우리에 의해 전유되며 믿음의 팔에 의해 붙들린다. 기도는 약속들을 효과적으로 작용하게 하고 그것들을 구체적으로 전유하며 그것들을 이용한다. 기도는 약속들을 실제적으로 현재에 사용되게 한다. 기도는 약속들을 비옥한 땅에 심겨진 씨와 같게 해 준다. 약속들은 비처럼 일반적이다. 기도는 약속들을 개인적으로 사용할 수 있도록 그것들을 구체화하고 촉진시키며 그것들을 개인적으로 사용하도록 상황에 맞게 한다. 기도는 믿음으로 하나님의 "보배롭고 지극히 큰 약속"의 과수원으로 들어가서 손과 마음으로 가장 잘 익고 가장 풍성한 열매를 딴다. 약속들은 전기와 같이 섬광을 발하여 눈부시게도 하지만, 그 역동적이고 생명을 주는 전류가 기도에 의해서 연결되어 작용하고 복을 주는 강력한 힘이 되기 전까지는 영구히 무력하다.

더 많은 기도의 약속

성경의 모든 약속은 하나님이 쓰신 것이기에 우리는 그분 앞에서 "주님이 말씀하신 대로 행하소서"라고 합당하게 요청하면서 그 약속들을 주장할 수 있다. 창조주 하나님은 자신의 진리를 의지하는 자신의 피조물들을 속이지 않으시며, 게다가 하늘에 계신 아버지 하나님은 자녀에게 주신 자신의 말씀을 어기지 않으실 것이다. "주의 종에게 하신 말씀을 기억하소서. 주께서 내게 소망을 가지게 하셨나이다"라는 말씀은 가장 일반화된 간구다. 그것은 이중적 주장이다. 하나는, 그것은 주님의 말씀인데, 그것을 지키지 않으시겠습니까? 그것을 선하게 하지 않으시려면 왜 주님은 그것을 말씀하셨나이까? 라는 주장이며, 다른 하나는, 주님이 나로 그 말씀 안에서 소망을 갖게 하셨는데, 주님이 내 안에 심어주신 그 소망을 실망시키려하십니까? 라는 주장이다.

―찰스 스펄전(C. H. Spurgeon)

큰 약속들은 기도에 의해서 성취된다. 그 약속들은 기도에 영감을 주며, 기도를 통해 온전하게 성취되고 가장 잘 익은 열매를 맺게 된다.

에스겔서에 나오는 장엄하고 거룩한 약속—신약에서 완전하고 잘 익고 가장 풍성한 결실을 맺게 되는 약속—은 그 약속이 어떻게 기도를 기다리는지를 설명해준다.

> 맑은 물을 너희에게 뿌려서 너희로 정결하게 하되 곧 너희 모든 더러운 것에서와 모든 우상 숭배에서 너희를 정결하게 할 것이며 또 새 영을 너희 속에 두고 새 마음을 너희에게 주되 너희 육신에서 굳은 마음을 제거하고 부드러운 마음을 줄 것이며 또 내 영을 너희 속에 두어 너희로 내 율례를 행하게 하리니 너희가 내 규례를 지켜 행할지라 내가 너희 조상들에게 준 땅에서 너희가 거주하면서 내 백성이 되고 나는 너희 하나님이 되리라.(겔 36:25-28)

이 약속과 이 사역에 관하여, 하나님은 "그래도 이스라엘 족속이 이같이 자기들에게 이루어 주기를 내게 구하여야 할지라"(겔 36:37)고 분명하게 말씀하신다. 사람들이 이 풍성한 것들을 위하여 더욱 진실하게 기도할수록, 그들은 이 보배롭고 지극히 큰 약속에 더 충만하게 들어갔다. 그 모든 과정은 물론이고 맨 처음과 맨 나중의 결과에 있어서도 그 약속의 성취는 전적으로 기도에 의존한다.

> 저에게 새롭고 완전한 마음을 주옵소서.
> 의심과 두려움과 슬픔에서 자유롭게 하옵소서.
> 그리스도 안에 있는 마음을 나누어 주옵소서.
> 그리하여 저의 영이 주님께 밀착하게 하옵소서.
>
> 오, 돌 같이 굳은 이 마음을 제하여 주옵소서!
> 그것은 주님의 다스림을 받지 않으며
> 받을 수도 없습니다.
> 그것이 더 이상 제 안에 있지 않게 하여 주옵소서.
> 오, 돌 같이 굳은 이 마음을 제하여 주옵소서!

통회하는 심령으로 사랑과 정결함으로 채워진 완전한 마음의 그 귀한 특권을 결코 구해본 적이 없는 사람 안에는 하나님의 생명으로 고동치는 새로운 마음(heart)이 없다. 하나님은 성령의 임하심과 내주하심을 간절히 구하지 않는 마음에는 자신의 성령을 부어주지 않으신다. 기도하지 않는 영은 정결한 마음에 대한 매력을 느끼지 못한다. 기도와 정결한 마음은 언제나 같이 간다. 마음의 정결함은 기도의 결과로서 오며, 기도는 예수 그리스도의 보혈로 깨끗하게 된 마음에서 자연스럽게 그리고 자발적으로 흘러나온다.

이러한 맥락에서 볼 때, 하나님의 약속들은 언제나 개인적이고 구체적이라는 것에 주목해야 한다. 그것들은 일반적이지도 불명확하지도 모호하지도 않는다. 그것들은 군중과 일반 대중계층과 관계가 있는 것이 아니라 개인들과 관계가 있다. 그것들은 사람들을 상대한다. 각각의 신자는 그 약속을 자신의 것으로 주장할 수 있다. 하나님은 각각의 사람을 개인적으로 다루신다. 그러므로 모든 성도들은 그 약속들을 시험해 볼 수 있다. "만군의 여호와가 이르노라…그것으로 나를 시험하여" 보라(말 3:10). 일반화시키거나 모호함 가운데 잃어버려질 필요가 없다. 기도하는 성도는 약속 위에 손을 얹고 그것을 자신의 것으로, 특히 자신에게 주어진 것으로 또한 현재와 미래의 모든 필요를 포함하도록 의도된 것으로 주장할 권리를 가지고 있다.

고통이 엄습해 오고
위험이 닥쳐와도,

친구들이 모두 떠나고
원수들이 힘을 모아도,
우리를 안전하게 지켜주는 것
한 가지 있네.
무슨 일이 일어나도
주님이 준비하신다는 약속,
그 약속이 우리를 붙잡아 주네.

예레미야는 이스라엘의 포로생활과 그 종결에 대해서, 그리고 전능하신 하나님에 대해서 이야기하면서 이렇게 말한 적이 있다. "여호와께서 이와 같이 말씀하시니라 바벨론에서 칠십 년이 차면 내가 너희를 돌보고 나의 선한 말을 너희에게 성취하여 너희를 이 곳으로 돌아오게 하리라"(렘 29:10). 그러나 이러한 하나님의 단호하고 확실한 약속 다음에는 그 약속과 기도를 연결시키는 말씀이 이어진다.

> 너희가 내게 부르짖으며 내게 와서 기도하면 내가 너희들의 기도를 들을 것이요 너희가 온 마음으로 나를 구하면 나를 찾을 것이요 나를 만나리라.(렘 29:12-13)

이것은, 그 약속의 성취는 기도에 달려 있었다고 아주 분명하게 말하는 것 같다. 다니엘서에는 다음과 같은 말씀이 기록되어 있다.

> 곧 그 통치 원년에 나 다니엘이 책을 통해 여호와께서 말씀으로 선지자 예레미야에게 알려 주신 그 연수를 깨달았나니 곧 예루살렘의 황폐함이 칠십 년만에 그치리라 하신 것이니라 내가 금식하며 베옷을 입고 재를 덮어쓰고 주 하나님께 기도하며 간구하기를 결심하고.(단 9:2-3)

그러므로 다니엘은 포로기간이 모두 끝나가고 있을 때 그 약속이 성취되고 또한 포로생활이 끝이 나도록 전심을 다해 능력 있는 기도를 했다. 바벨론 포로의 사슬을 끊고 이스라엘을 자유롭게 하여 하나님의 옛 백성을 그들의 본토로 돌아오게 한 것은 예레미야를 통해 주신 하나님의 약속과 다니엘의 기도였다. 약속과 기도는 함께 작용하여 하나님의 목적이 이루어지고 그분의 계획들이 수행될 수 있게 했다.

하나님은 선지자들을 통해 메시아가 오시기 전에 자신

의 사자(세례 요한-역주)를 앞서 보내신다고 약속하셨다. 이스라엘 중에서 얼마나 많은 가정들과 여성들이 이 같은 큰 영광이 자신들에게 임하기를 기대했는가? 아마도 사가랴와 엘리사벳이 이러한 큰 존귀와 축복을 기도로 실현하려고 노력했던 유일한 사람들이었을 것이다. 적어도 우리는 천사가 사가랴에게 이 큰 선지자의 출생을 알리면서 "너의 간구함이 들린지라"(눅 1:13)고 말한 것을 알고 있다. 선지자들을 통해 주신 주님의 말씀과 늙은 제사장과 그의 아내의 기도가 아이를 낳을 수 없는 태 속에 세례 요한을 잉태하게 하여, 자녀가 없는 사가랴와 엘리사벳의 가정에 태어나게 한 것은 바로 그 때였다.

바울이 예루살렘에서 체포되어 아그립바 왕 앞에서 자신을 변호하고 있을 때 언급한 대로 자신의 사도적 사명으로 가슴 깊이 새겨진 약속의 말씀은 이것이었다. "이스라엘과 이방인들에게서 내가 너를 구원하여 그들에게 보내어"(행 26:17). 바울은 어떻게 그 약속이 이루어지게 했는가? 그는 어떻게 그 약속을 실현시켰는가? 여기에 그 대답이 있다. 바울은 사람들—유대인과 이방인 모두—에게 심한 고통과 억압을 당하게 되었을 때 로마에 있던 믿음의 형제들에게 긴급히 기도를 요청하는 편지를 썼다.

형제들아 내가 우리 주 예수 그리스도와 성령의 사랑으로 말미암아 너희를 권하노니 너희 기도에 나와 힘을 같이하여 나를 위하여 하나님께 빌어 나로 유대에서 순종하지 아니하는 자들로부터 건짐을 받게 하고.(롬 15:30-31)

그들의 기도는 바울의 기도와 합해져 바울이 건짐을 받고 그로 하여금 자신의 안전을 확보할 수 있게 했으며, 또한 사도적 약속을 활기차게 하고 그것이 온전하게 이루어질 수 있게 했다.

모든 것은 하나님의 말씀과 기도로 거룩하게 되고 실현된다. 만일 우리가 기도로 이 약속들을 이용하여 풍부하고 생명을 주는 물을 우리 마음으로 흡수하지 않는다면, 하나님의 깊고 넓은 약속의 강은 늪지에서 치명적인 독기로 변하거나 그 늪지에서 사라지고 말 것이다.

제자들에게 주신 성령님에 대한 약속은 분명히 "아버지께서 약속하신 것"(행 1:4)이었지만, 그것은 여러 날 동안 계속해서 끈질기게 기도한 후에만 실현되는 것이었다. 제자들이 위로부터 오는 능력을 받게 된다는 약속은 분명하고 확실했다. 그러나 성령님의 능력을 받는 조건으로 그들은 "너희는 위로부터 능력으로 입혀질 때까지 이 성에 머물라"(눅 24:49)는 지시를 받았다. 그 약속의 성취 여부는 "머무르는 것"에 달려 있었다. 능력으로 입혀진다는 약속은 기도에 의해서 확실하게 되었다. 기도는 그 약속에 영광스런 결과를 확실하게 가져다 주었다. 그러므로 우리는 다음과 같이 기록된 말씀을 발견한다. "여자들과 예수의 어머니 마리아와 예수의 아우들과 더불어 마음을 같이하여 오로지 기도에 힘쓰더라"(행 1:14). 그리고 그들이 그 약속의 확실성을 믿고 기도하는 동안, 성령님이 그들 위에 임하심으로 그들 모두 "성령의 충만함을"(행 2:4) 받게 되었다고 하는 것은 의미심장하다. 약속과 기도가 함께 보조를 맞췄다.

예수 그리스도는 제자들에게 이 크고 확실한 약속을 주신 후에 승천하여 존귀와 권능의 아버지 하나님 보좌 우편에 앉으셨다. 그렇지만 성령님을 보내주시겠다고 하신 예수님의 약속은 단지 그분의 좌정이나 그 약속이나 선지자 요엘이 성령 강림의 영광스런 날에 대해 주체할 수 없는 기쁨으로 예언했던 사실에 의해서만 성취된 것이 아니었다. 성령 강림만이 이 세상에서 하나님의 목적의 유일한 희망은 아니었다.

이 모든 전능하면서 아주 매력적인 이유들이 성령 강림

을 즉각적으로 가능하게 하는 동기는 아니었다. 그것에 대한 해답은 제자들의 태도에서 발견된다. 그 대답은 제자들이 여자들과 함께 다락방에서 여러 날을 보내면서 진지하고도 구체적으로 그리고 계속적으로 기도했다는 사실에서 발견된다. 저 유명한 오순절을 가능하게 한 것은 바로 기도였다. 그리고 옛날처럼 지금도 그것이 가능하다. 만일 그와 같은 기도가 있다면, 오늘날에도 오순절이 가능하다. 왜냐하면 약속은 그 능력과 생명력을 소진하지 않았기 때문이다. "아버지께서 약속하신 것"(행 1:4)은 오늘날의 제자들에게도 여전히 유효하다.

약 2주 동안에 걸친 기도가, 다시 말하면 힘있는 기도, 합심 기도, 끈질기고 진지한 기도가 오순절의 영광과 능력 가운데 성령님을 교회와 이 세상에 강림하게 했다. 그리고 마음을 같이 하여 끈질기게 드리는 힘있는 기도는 지금도 동일한 결과를 가져올 것이다.

> 주 하나님이신 성령님,
> 오순절 때처럼, 지금 이 시간에
> 당신의 능력으로 임하옵소서.
> 우리도 마음을 같이하여

약속하신 곳에 모여 우리의 주님,
모든 은혜의 성령님의 약속을 기다립니다.

하나님의 약속들은 어떤 죄인들에게도 똑같이 확실하고 변함이 없다는 것과, 그것들은 참되게 회개하는 모든 사람들의 진심 어린 부르짖음에 의해 실제적이 되고 확실하게 된다는 것을 간과해서는 안 된다. 신자들에게 주어진 약속들이 그들의 기도의 응답으로 실현된다는 것이 사실이듯이, 구원을 받지 못한 사람들이 회개하고 하나님을 찾을 때 그들에게 주신 신령한 약속들도 마음이 상한 죄인들의 기도에 대한 응답으로 실현된다는 것 또한 사실이다. 용서와 평화에 대한 약속은 유다의 집에서 어둠과 고통의 나날을 보내고 있던 다소 사람 사울이 기도할 수 있는 근거였다. 주님은 사울의 두려움을 진정시키기 위해 아나니아를 보내실 때 그에게 "그(사울)가 기도중이니라"(행 9:11)고 말씀하셨다.

이사야는 긍휼과 풍성한 용서에 대한 약속이 어떻게 하나님을 찾고 하나님을 부르는 것과 연관되어 있는지를 말했다.

너희는 여호와를 만날 만한 때에 찾으라 가까이 계실 때에 그를 부르라 악인은 그의 길을, 불의한 자는 그의 생각을 버리고 여호와께로 돌아오라 그리하면 그가 긍휼히 여기시리라 우리 하나님께로 돌아오라 그가 너그럽게 용서하시리라.(사 55:6-7)

기도하는 죄인은 자비를 얻는다. 왜냐하면 그의 기도는 죄를 범한 죄인들을 용서하실 수 있는 권한을 가지신 하나님이 주신 용서에 대한 약속에 근거하기 때문이다. 참회하며 하나님을 찾는 사람은 긍휼을 얻는다. 왜냐하면 회개와 믿음으로 주님을 찾는 모든 사람에게 긍휼을 베푸신다는 확실한 약속이 있기 때문이다. 기도는 언제나 (하나님을) 찾는 영혼에게 용서를 가져다준다. 풍성한 용서는 죄인들을 향한 하나님의 용서에 의해서 실제적이 되는 약속에 근거한다.

구원은 하나님이 믿는 사람에게 약속하신 것인 반면, 믿는 죄인은 언제나 기도하는 죄인이다. 하나님은 자칭 신앙심이 깊다고 하면서도 기도하지 않는 사람에게 용서의 약속을 하지 않으셨듯이, 기도하지 않는 죄인에게 용서를 약속하지 않으셨다. "그가 기도중이니라"는 말씀은 죄인이 하나님을 찾는 바른 길로 나아가고 있음을 나타내는 신실성의 확실한 표징이요 증거일 뿐만 아니라 풍성한 용서에 대한 확실한 고지이다. 죄인으로 하여금 하나님의 약속에 따라 기도하게 하라. 그러면 그는 하나님의 나라에 가깝게 된다. 돌아온 탕자에게 나타난 최고의 징표는 그가 자신의 죄를 고백하고 아버지 집의 가장 낮은 자리에 있게 해달라고 요청한 것이다.

불쌍한 죄인에게 소망을 주는 것은 긍휼과 용서와 양자 됨에 대한 하나님의 약속이다. 이것은 그에게 기도할 용기를 북돋운다. 이것은 절망 가운데 있는 죄인의 마음을 움직여 "다윗의 자손 예수여 나를 불쌍히 여기소서"(막 10:47)라고 부르짖게 한다.

> 주님의 약속이 제 유일한 간구입니다.
> 그 약속만을 믿고 담대히 나아갑니다.
> 주님은 무거운 짐 진 영혼을 다 오라고 부르십니다.
> 오 주님, 제가 여기 있습니다.

성도에게 주어진 약속들은 참으로 크다! 타락하여 망가진 불쌍한 사람들, 심령이 가난한 사람들, 잃어버린 죄인들에게 주어진 약속들은 참으로 위대하다! 기도는 그 약속들 모두를 감싸고 그것들이 참되다는 것을 보여줄 수 있을 만큼 넉넉한 팔을 가지고 있다. 모든 영혼들에게 격려가 되는 하나님의 이 약속들은 참으로 위대하다! 우리의 믿음이 근거하는 토대는 참으로 견고하다! 그것은 진정 우리로 하여금 기도하도록 자극한다! 우리의 간구하는 기도가 근거하는 토대는 참으로 견고하다!

> 주께서 내게 좋은 것을 약속하셨으니
> 그분의 말씀은 나의 소망이 됩니다.
> 내 생전에 주님은 나의 방패요
> 나의 분깃이 되십니다.

기도의 가능성

성령은 때때로 우리가 기도할 때 하늘로부터 광선으로 우리 마음속으로 내려오신다. 그 때 우리는 즉시 하나님과 그분의 영광에 대해 더 많이 알게 되고, 하나님에 대해 더 놀라운 생각을 하게 되고, 그분을 더 폭넓게 이해하게 되며, 많은 광선들이 하나로 만나 우리 마음의 중심에 비취며 들어온다. 이 내려오심 또는 신적 유입으로 인해, 하나님은 자기의 광선으로 우리 마음속으로 살며시 들어오신다. 그 때 우리는 한데 모아 놓은 많은 지리멸렬한 생각들을 통해서 하나님과 교제를 가지게 되는 것이 아니라 하늘로부터 오는 많은 광선이 하나로 단축되어 우리 영혼에 비침으로 우리는 하나님을 더 잘 알게 되며, 우리가 오직 우리 지혜를 통해서 오랜 시간에 걸쳐 하나님을 알 수 있는 것보다 아주 짧은 시간에 걸쳐 하나님과 더 많은 교제를 가지게 된다.

-토마스 굿윈(Thomas Goodwin)

기도의 가능성들은 참으로 엄청나게 많다! 그 범위는 참으로 넓다! 하나님이 정하신 이 은혜의 수단에 의해 참으로 위대한 일들이 성취된다! 기도는 전능하신 하나님을 붙잡고, 그분으로 하여금 기도하지 않으면 행하지 않으실 일을 행하시도록 한다. 기도는 다른 방법으로는 결코 일어나지 않을 일들을 일어나게 한다.

기도의 이야기는 위대한 성취의 이야기이다. 기도는 전능하신 하나님이 성도들의 손에 맡기신 놀라운 능력으로서 큰 목적들을 달성하고 신기한 결과들을 성취하기 위해서 사용되어야 하는 것이다. 기도는 모든 것에 미치며, 하나님이 사람들에게 약속하신 크고 작은 모든 일들을 포함시킨다. 기도의 유일한 한계는 하나님의 약속들과 그 약속들을 성취할 수 있는 그분의 능력이다. "네 입을 크게 열라 내가 채우리라"(시 81:10).

기도의 응답들에 관한 기록들은 믿음을 고무시키고, 성도들의 기대감을 불러일으키며, 기도하면서 그것의 가치를 시험하고자 하는 모든 사람들에게 영감을 준다. 기도는 단지 확인되지 않은 이론에 불과한 것이 아니다. 그것은 인간의 두뇌에서 만들어져 움직이는 어떤 이상하고도 독특한 기획이 아니며, 시도해보거나 시험해보지도 않은 인간 두뇌의 발명품이 아니다. 기도는 하나님의 도덕적 통치 속에 그분이 정해 놓으신 것으로서 인간의 유익을 위해 계획된 것이며, 이 땅에서 자신의 목적에 대한 관심을 촉진시키고 구속과 섭리 안에 있는 자신의 은혜로운 목적들을 성취하기 위한 수단으로 의도된 것이다.

기도는 기도가 증명한다. 기도는 기도하는 사람들이 그 가치를 증명할 수 있다. 기도는 기도의 응답 외에 다른 증거가 필요 없다. "사람이 하나님의 뜻을 행하려 하면 이 교훈이 하나님께로부터 왔는지 내가 스스로 말함인지 알리라"(요 7:17). 만일 어떤 사람이 기도의 효력을 알고자 한다면, 만일 그가 기도가 무엇을 할지를 알고자 한다면, 그로 하여금 기도하게 하면 된다. 그로 하여금 기도를 시험해보게 하면 된다.

기도는 폭이 참으로 넓다! 그것은 참으로 높은 데까지 미친다! 기도는 하나님을 향해 그리고 사람들을 향해 불타오르는 영혼의 호흡이다. 기도는 복음이 가는 것만큼 멀리 가며, 그것은 복음만큼 광범위하고 동정적이며 독실하다.

예수 그리스도에 의해 점유되지 않고 소외된 이 세상의 모든 지역들은 그것들을 계몽시키고 그것들을 감동시키며 그것들이 하나님과 그분의 아들 예수 그리스도를 향해 나아가게 하려면 얼마나 많은 기도가 필요한가? 만일 그리스도의 제자라고 고백하는 사람들이 마땅히 기도했어야 할만큼 과거에 기도했었다면, 수세기 동안 이런 지역들이 여전히 사망과 죄와 무지 가운데 얽매여 있지 않았을 것이다.

아, 인간의 불신이 기도를 통해 나타나는 하나님의 능력을 얼마나 제한시켜 왔는가! 그리스도의 제자들이 기도하지 않음으로 기도에 얼마나 많은 제한을 두었는가! 교회가 기도에 무지함으로 얼마나 많이 복음에 울타리를 쳤고 접근하는 문을 닫아버렸는가!

기도의 가능성들은 복음이 들어갈 문을 열어 놓는다. 바울은 "우리를 위하여 기도하되 하나님이 전도할 문을 우리에게 열어 주사"(골 4:3)라고 말했다. 기도는 사도들에게 전도의 문을 열어 주었고 전도할 기회들을 만들어 주었으며 복음을 전할 수 있는 활로를 열어 주었다. 기도에 의한 호소는 하나님을 향했는데, 왜냐하면 하나님은 기도에 의해 움직이셨기 때문이다. 하나님은 확장된 방법으로 그리고 새로운 방법으로 자신의 일을 하시기 위해 기도에 의해 움직이셨다. 기도의 가능성은 큰 능력을 제공하고 복음의 문을 열어줄 뿐만 아니라 복음에 편의를 제공한다. 기도는 복음이 빨리 진행되게 하며 놀라운 속도로 움직이게 한다. 기도의 강력한 에너지에 의해 추진되는 복음은 느리지도 않고 게으르지도 않으며 둔하지도 않다. 그것은 하나님의 능력과 광채를 가지고 천사 같이 빠르게 움직인다.

"형제들아 너희는 우리를 위하여 기도하기를 주의 말씀이 너희 가운데서와 같이 퍼져 나가 영광스럽게 되고"(살후 3:1)라는 말은 사도 바울의 요청으로 그는 전파된 말씀을 위한 기도의 가능성을 믿었다. 복음은 아주 느리고 종종 소심하게 그리고 약한 걸음으로 진행된다. 이 복음을 시합을 하는 달리기 선수와 같이 빠르게 나아가게 하는 것은 무엇인가? 이 복음에 신적인 광채와 영광을 주는 것은 무엇이며, 그것이 하나님과 그리스도께 합당하게 움직이도록 하는 것은 무엇인가? 그 대답은 간단하다. 기도가, 더 많은 기도가, 더 나은 기도가 그것을 할 것이다. 이 은혜의 수단은 복음에 신속함과 광채와 신성(divinity)을 제공한다.

기도의 가능성들은 모든 것에 미친다. 인간의 지고의 복지와 관계가 있는 것은 무엇이든지, 그리고 지상의 인간에 관한 하나님의 계획과 목적과 관계가 있는 것은 무엇이든지, 기도의 대상이 될 수 있다. "너희가…무엇이든지…구하는 것은"(마 21:22)이라는 말씀은 우리 또는 사람들 그리고 하나님의 자녀들과 관계가 있는 모든 것을 포함한다. 그리고 "무엇이든지"에 제외되는 것은 무엇이든지 기도에도 제외된다. 우리는 제외시키는 선 또는 "무엇이든지"라는 말을 한정할 선을 어디에 그을 것인가? "무엇이든지"라는 말을 정의해보고, 그 말이 포함하지 않는 것들을 찾아내어 말해보라. 만일 "무엇이든지"(whatsoever)라는 말이 모든 것을 포함하지 않는다면, 그것을 "**무엇이든지**"(anything)로 대체하라. "내 이름으로 무엇이든지(any thing) 구하면, 내가 행하리라"(요 14:14).

만일 우리가 기도의 가능성들을 배웠고, 또한 우리의 믿음이 우리에게 주신 기도 응답에 대한 하나님의 약속의 넓은 범위를 포함시켰다면, 은혜의 풍성함, 영적 축복과 현세의 축복, 현재와 영원을 위한 선은 진정 우리의 것이 되었을 것이다! 만일 우리가 큰 기대를 가지고 기도하는 법을 배웠더라면, 우리는 정말로 우리 시대에 내려주시는 축복과 하나님의 일의 증진을 볼 수 있었을 것이다! 이 세대에 누가 일어나서 교회에 이 교훈을 가르칠 것인가? 그것은 단순성에 있어서는 어린이가 배울 교훈이지만, 누가 그것을 제대로 배워서 기도를 시험해 보았는가? 그것은 비길 데 없고 보편적인 선에 대한 중요한 교훈이다. 기도의 가능성들은 말로 표현할 수 없을 정도로 분명하지만, 누가 이 가능성들을 깨닫고 이해하는 기도의 교훈을 배웠는가? 요한복음의 한 설교에서 우리 주님은 자신에 대한 우정과 기도를 연결시키는 것처럼 보이며, 그분의 제자 선택은 기도를 통해 그들이 많은 열매를 맺어야 하는 계획과 함께 하는 것처럼 보인다.

> 너희는 내가 명하는 대로 행하면 곧 나의 친구라…너희가 나를 택한 것이 아니요 내가 너희를 택하여 세웠나니 이는 너희로 가서 열매를 맺게 하고 또 너희 열매가 항상 있게 하여 내 이름으로 아버지께 무엇을 구하든지 다 받게 하려 함이라.(요 15:14,16)

예수님은 열매—잘 익고 시들지 않고 풍성한 상태로 변함없이 있을 열매—를 맺는 것은 본질적이라고 말씀하신다. 그렇게 함으로 기도는 그 충만한 가능성에 이를 수 있게 되어 우리가 무엇을 구하든지 하나님 아버지로부터 받을 수 있게 된다. 우리는 여기서 다시금 불확정적이고 한없는 말인 "무엇이든지"라는 말을 보게 되는데, 그것은 우리가 기도의 가능성들 안에서 기도해야 하는 권한과 일들을 포함한다.

우리에게는 예수님의 또 다른 선언이 있다.

> 그 날에는 너희가 아무 것도 내게 묻지 아니하리라 내가 진실로 진실로 너희에게 이르노니 너희가 무엇이든지 아버지께 구하는 것을 내 이름으로 주시리라 지금까지는 너희가 내 이름으로 아무 것도 구하지 아니하였으나 구하라 그리하면 받으리니 너희 기쁨이 충만하리라.(요 16:23-24)

여기에서 우리 주님은 광범위하게 기도하라고 아주 분명하게 권고하신다. 주님은 큰 것을 구하라고 우리에게 분명하게 명하셨으며, "진실로, 진실로"라고 아멘(헬라어로 아멘은 진실로 등의 의미를 지닌다—역주)을 두 번 표현하심으로 우리에게 위엄 있고 진지하게 선언하셨다. 왜 주님이 제자들과 나누는 마지막이자 매우 중요한 대화에 이러한 기이하고 절박한 요청이 기록되어 있는가? 그 대답은 이것이다. 우리 주님은 하나님이 새롭게 주실 것을 위해 그들을 준비시키려고 하셨을 거라는 것이다. 하나님이 주실 때 기도는 그와 같은 놀라운 결과들을 낳고 또 주님의 복음을 보존할 뿐만 아니라 그것을 적극적으로 만드는 중요한 매개여야 한다.

자신이 제자들을 선택하신 목적은 그들로 하여금 열매를 맺게 하려는 것이라는 너그러운 말씀에서, 예수님은 이 기도의 일과 열매를 맺는 것은 우리가 선택하는 사소한 일 또는 다른 일들에 비해 부차적인 일이 아니라 그분이 우리를 선택하신 것은 바로 이 기도의 일을 위해서라고 우리에게 분명하게 가르치신다. 그분은 특히 우리의 기도를 기억하시며, 자기 자신의 신적 선택에 따라 우리를 선택하셨으며, 우리로 하여금 이러한 기도를 하되 지성적으로 그리고 잘 하기를 기대하신다. 예수님은 일찍이 자신이 우리를 친구로 삼으셨고, 우리로 하여금 자신을 진심으로 신뢰하게 하셨으며, 자신과 자유롭고도 완전한 교제를 가질 수 있도록 해 주셨다고 말씀하셨다. 예수님이 우리를 제자로 선택하시고 자신의 친구로 삼으신 주된 목적은 우리로 하여금 기도의 열매를 맺기에 더 적합한 사람들이 되게 하시려는 것이었다.

우리는 참되게 기도하는 신자들을 위한 가능성들에 주목하고 있다는 것을 잊지 말자. **무엇이든지**(anything)라는 말은 영역과 범위를 나타낸다. 그것이 어디까지 미치는지 우리는 모른다. 그것이 얼마나 널리 퍼져나가는지 우리의 지능으로는 알지 못한다. 우리의 지능이 미치지 못하는 곳에는 무엇이 있는가? 만일 예수님이 기도가 지니고 있는 끝없는 장엄함과 한없는 자비(benevolence)를 강조하기를 원하지 않으신다면, 왜 그분은 이런 말씀, 즉 포괄적이고 무한한 말씀을 반복하여 속속들이 말씀하시는가? 왜 예수님은 사람들에게 기도하도록 재촉하시는가? 그것은 기도에 의해서 우리의 궁핍이 부유하게 되고 우리의 무한한 유업이 안전하게 보장되기 때문이 아닌가?

우리는 절대적인 확신을 가지고 전능하신 하나님이 기도에 응답하신다고 단언한다. 기도의 엄청난 가능성과 긴급한 필요는 하나님이 기도를 들으시고 응답하신다는 놀랄만한 사실에 있다. 하나님은 기도의 참된 조건들을 충족시키는 모든 기도를 들으시고 응답하신다. 하나님은 모든 기도를 들으시고 응답하시든지, 아니면 기도의 조건들이 충족되지 않았던지 둘 중 하나다. 만일 조건이 충족되지 않았다면, 기도에는 아무 것도 없다. 그 경우에 기도는 단지 말을 되뇌는 것, 단순히 말뿐인 행위, 공허한 의식이 되고 만다. 그 때 기도는 전혀 쓸모 없는 행위가 된다. 그러나 만일 우리가 말한 것이 진실하다면, 기도에는 엄청난 가능성들이 있다. 그 경우에 기도는 그 범위가 멀리까지 미치며, 그 영역은 넓게 된다. 그때 진실로 기도는 전능하신 하나님을 붙잡고 그분으로 하여금 크고 놀라운 일들을 행하시게 할 수 있다.

기도의 유익과 가능성 그리고 필요는 주관적일 뿐만 아니라 그 성격상 특히 객관적이다. 기도는 분명한 목표를 겨냥한다. 기도에는 분명한 의도가 있다. 기도는 언제나 마음의 눈앞에 구체적인 것을 가지고 있다. 기도로부터 얻는 주관적인 이익들도 어느 정도 있을 것이다. 그러나 그것들은 전체적으로 보아 이차적이며 부수적이다. 기도는 언제나 하나의 목표를 향해 똑바로 진행하며 원하는 목적을 달성하려고 애쓴다. 기도는 무언가 우리가 가지고 있지 않은 것과 우리가 바라는 것, 그리고 하나님이 우리에게 약속하신 것을 얻으려고 구하고 찾고 문을 두드리는 것이다.

기도는 하나님께 직접 아뢰는 것이다. "모든 일에 기도와 간구로, 너희 구할 것을 감사함으로 하나님께 아뢰라"

(빌 4:6). 기도는 축복을 보장하고 사람들을 향상시킨다. 왜냐하면 그것은 하나님의 귀에 상달되기 때문이다. 기도가 하나님을 감동시키고 움직여 사람들을 위해 무언가를 하시도록 했을 때, 그것은 결국 인간을 향상시킨다. 기도는 하나님께 영향을 끼침으로써 사람들에게 영향을 끼친다. 기도는 사람들을 움직인다. 왜냐하면 그것은 하나님을 움직여 사람들을 움직이시도록 하기 때문이다. 기도는 하나님으로 하여금 사람들에게 영향을 주시도록 영향을 줌으로써 사람들에게 영향을 준다. 기도는 세상을 움직이는 손을 움직인다.

> 예수님을 통해 높이 하늘 보좌까지
> 날아오르는 능력이 기도라네.
> 기도는 세상을 움직이는 손을 움직여
> 세상에 구원을 가져오네.

기도의 최대의 가능성들은 거의 실현되지 않았다. 하나님의 약속들은 하나님이 기도하는 사람들의 손에 자기 자신을 온전히 주실 때 실로 그들에게 너무나 커서 그것들은 우리의 믿음을 동요하게 하며 우리로 하여금 깜짝 놀라서 주저하게 만든다. "모든 일"(all things, 막 9:23)—"무엇이든지"(any thing, 요 14:14), "무엇이든지"(whatsoever, 마 21:22), 그리고 "무엇이든지…다"(all things, whatsoever, 22절)—에 응답하시고 모든 일을 행하시며 모든 것을 주시겠다고 하신 하나님의 약속은 너무나 크고 위대하고 대단히 넓어서 우리는 깜짝 놀라 뒤로 물러서게 되고 의아해하면서 믿지 않는다. 우리는 믿음이 없어 약속들을 의심한다(롬 4:20을 보라). 실제로, 우리는 우리의 작은 믿음에 맞추고자 하나님의 약속들을 조금씩 약화시켜 왔다. 뿐만 아니라 하나님의 능력과 너그러움과 자원들에 관한 우리의 좁은 소견의 낮은 수준에까지 그것들을 끌어내렸다.

하나님은 자신이 말씀하시는 모든 약속을 그대로 이루신다는 사실을 늘 명심하고 한 순간도 의심하지 말도록 하자. 하나님의 약속들은 하나님 자신의 말씀이다. 하나님의 진실성 여부가 그분의 약속들에 달려 있다. 그것들에 의문을 제기하는 것은 하나님의 진실성을 의심하는 것이다. "영생의 소망을 위함이라 이 영생은 거짓이 없으신 하나님이 영원 전부터 약속하신 것인데"(딛 1:2). 그분의 약속들은 보통 사람들을 위한 것이며, 하나님이 기도하는 모든 사람들을 위해 행하시겠다고 말씀하시는 그대로 행하실 거라는 것을 의미한다. "약속하신 이는 미쁘시니"(히 10:23).

불행하게도, 우리는 우리 자신을 내맡긴 채로 기도하지 않았다. 우리는 이스라엘의 거룩하신 분을 제한시켜 왔다. 기도의 능력은 성령님의 은혜와 능력에 의해서 얻게 될 수 있지만, 그것은 불요불굴의 고상한 성격을 요하는 것이기에 한 인간이 하나님께 흔들림 없이 기도하고 어떤 조건에서도 끈질기게 간구하는 것은 흔한 일이 아니다. "의인의 간구는 역사하는 힘이 큼이니라"(약 5:16)는 사실은 엘리야 시대뿐만 아니라 오늘날에도 마찬가지로 참되다. 그와 같은 기도는 역사하는 힘이 얼마나 큰 지 누가 말할 수 있을까?

기도의 가능성들은 믿음의 가능성들이다. 기도와 믿음은 몸이 붙어 있는 쌍둥이와 같다. 심장 하나가 그 둘에게 생명을 불어넣는다. 믿음은 항상 기도하는 것이다. 기도는 항상 믿는 것이다. 믿음은 말할 수 있는 혀를 가지고 있어야 한다. 기도는 믿음의 혀이다. 믿음은 받아야 한다. 기도는 받기 위해 내미는 믿음의 손이다. 기도는 하늘 높이 날아 올라가야 한다. 믿음은 기도에 날아 올라갈 수 있는 날개들을 달아준다. 기도는 하나님을 알현해야 한다.

믿음은 문을 열어주고 하나님께 나아가 알현하게 해 준다. 기도는 구한다. 믿음은 구한 것을 붙잡아 준다.

하나님의 전능하신 능력은 전능한 믿음과 전능한 기도의 토대이다. "믿는 자에게는 능히 하지 못할 일이 없"으며(막 9:23), 기도하는 자에게 "무엇이든지…다"(마 21:22) 주어진다. 히스기야에 대한 하나님의 뜻과 그의 죽음의 문제도 그의 믿음과 기도에 의해서 즉시 바뀌었다. 하나님의 약속과 인간의 기도가 믿음에 의해 연합될 때, "(아무 것도) 못할 것이 없으리라"(마 17:20). 끈질긴 기도는 아주 강력하고 달리 어찌할 수 없기에 그것은 약속들을 받으며, 전망과 약속이 그 기도에 반대되는 것처럼 보이는 곳에서도 승리한다. 실제로, 신약의 약속은 하늘과 땅에 있는 모든 것을 포함한다. 하나님은 약속에 근거하여 자신이 가지고 있는 모든 것을 인간의 손에 맡기신다. 인간은 기도와 믿음을 통해 이러한 무한한 유산을 소유하게 된다.

기도는 대수롭지 않거나 사소한 것이 아니다. 그것은 감미로운 작은 특권이 아니다. 그것은 위대한 특권이며, 그 효력은 멀리까지 미친다. 기도를 하지 않는 사람은 그것을 무시하는 사람보다 훨씬 더 큰 손실을 입게 된다. 기도는 기독교적 삶의 단순한 에피소드가 아니다. 오히려 그것은 삶 전체가 기도를 위한 준비이자 기도의 결과이다. 그 조건에서 볼 때, 기도는 신앙생활의 총체이다. 믿음은 기도의 한 통로일 뿐이다. 믿음은 기도에 날개를 달아주어 빨리 날 수 있게 해 준다. 기도는 거룩이 숨을 쉬는 폐이다. 기도는 영적 삶의 언어일 뿐만 아니라, 그것은 그 삶의 본질을 구성하고 그 삶의 가장 깊고 실제적인 성격을 형성한다.

> 아, 모든 원수들이 몰려와도
> 기가 죽지 않을 믿음이여,
> 이 땅의 모든 비통의 언저리에서도
> 떨지 않을 믿음이여.
>
> 주님, 우리에게 그런 믿음을 주옵소서.
> 그리하면 어떤 일이 닥쳐도
> 여기 이 땅에서도 영원한 본향의
> 신령한 기쁨을 맛보게 되리이다.

기도의 잠재성

기도의 영을 가지고 있는 사람은 하늘의 뜰에 최고의 관심을 가지고 있다. 그리고 그 영을 간직하는 유일한 방법은 계속해서 그것을 사용하는 것이다. 배교는 골방에서 시작된다. 지금까지 계속해서 열정적으로 기도했던 사람 중에 기독교적 삶과 능력에서 떠난 사람은 아무도 없다. 쉬지 않고 기도하는 사람은 항상 기뻐할 것이다.

―아담 클라크(Adam Clarke)

지금까지 전체적으로 윤곽을 그리면서 언급했던 것처럼 기도의 가능성들에 대해 포괄적으로 쭉 살펴본 다음에는 상세한 사항들―이 중대한 주제에 관한 성경적 사실들과 원리들―에 초점을 맞추는 것이 중요하다. 신적 계시가 드러내 보여준 대로의 기도의 가능성들은 무엇인가? 기도의 필요성과 그 존재는 인간과 공존한다. 분명하고 온전한 계시가 오기 전이라도 자연이 기도로 외친다. 인간은 존재한다. 그러므로 기도가 존재한다. 하나님이 존재하신다. 그러므로 기도가 존재한다. 기도는 인간의 본능, 필요, 갈망 그리고 인간 존재 자체에 의해서 생겨난다.

성전을 봉헌할 때 솔로몬이 했던 기도는 영감 받은 지혜와 경건에서 나온 것이며, 그 기도는 기도가 지니는 범위, 세부사항들, 많은 가능성들 그리고 긴급한 필요성에 대한 명쾌하고도 강력한 견해를 제공한다. 그 기도는 참으로 상세하고 매우 함축적이다! 국가와 개인의 축복이 그 안에 있고, 현세의 선과 영적 선이 그 안에 포함되어 있다. 개인적인 필요들—질병, 고통, 가책, 죄—뿐만 아니라 국가의 재난, 죄, 적, 추방, 기근, 전쟁, 전염병, 백분병(mildew), 가뭄, 곤충, 농작물 피해, 농사에 영향을 주는 것들, 이 모든 것이 그 기도 안에 있고, 그 모두가 기도의 제목이었다.

기도는 이 모든 폐해들을 고칠 수 있는 단 하나의 우주적인 치유책이다. 순수한 기도는 모든 재난을 치유하고 모든 병들을 고치며 모든 상황들이 아무리 비참하거나 무섭거나 절망적일지라도 그것들을 제거한다. 하나님을 향한 기도, 순수한 기도는 절박한 상황들을 면제시킨다. 왜냐하면 하나님은 그 밖의 누구도 면제시킬 수 없을 때 그렇게 하실 수 있기 때문이다. 하나님께는 너무 어려워 못하실 것이 아무 것도 없다. 하나님이 맡으신 일 중에 소망이 없는 것은 아무 것도 없다. 전능하신 하나님이 치유의 손길을 펴실 때 고치지 못하실 것은 전혀 없다. 하나님을 방해하거나 물리칠 수 있는 절망적인 상황들이란 없다.

전능하신 하나님은 솔로몬의 그 기도를 들으셨고, 참되게 기도하면 불리하고 냉혹한 모든 상황에도 불구하고, 맡아서 면제시키고 치유하시겠다고 약속하셨다. 만일 사람들이 진심으로 기도하고 자신을 바쳐 진정 참된 기도를 드린다면, 하나님은 항상 구해 주시고 응답하시며 축복하실 것이다. 솔로몬이 장엄하고 아주 포괄적인 기도를 마친 후에 하나님은 다음과 같이 말씀하셨다.

> 밤에 여호와께서 솔로몬에게 나타나사 그에게 이르시되 내가 이미 네 기도를 듣고 이 곳을 택하여 내게 제사하는 성전을 삼았으니 혹 내가 하늘을 닫고 비를 내리지

아니하거나 혹 메뚜기들에게 토산을 먹게 하거나 혹 전염병이 내 백성 가운데에 유행하게 할 때에 내 이름으로 일컫는 내 백성이 그들의 악한 길에서 떠나 스스로 낮추고 기도하여 내 얼굴을 찾으면 내가 하늘에서 듣고 그들의 죄를 사하고 그들의 땅을 고칠지라 이제 이 곳에서 하는 기도에 내가 눈을 들고 귀를 기울이니 이는 내가 이미 이 성전을 택하고 거룩하게 하여 내 이름을 여기에 영원히 있게 하였음이라 내 눈과 내 마음이 항상 여기에 있으리라.(대하 7:12-16)

하나님은 참된 기도를 통하여 구원하실 수 있는 자신의 능력에 아무런 제한을 두지 않으신다. 아무리 소망이 없는 상황이라고 해도, 아무리 곤경이 겹친다고 해도, 아무리 절망적이라고 해도, 참된 기도의 성공을 막을 수는 없다. 기도의 가능성들은 무한한 의와 연관되어 있으며, 또한 하나님의 전능하신 능력과도 연관되어 있다. 하나님이 행하지 못하실 정도로 어려운 일이란 없다. 하나님은 우리가 구하면 받으신다고 굳게 약속하셨다. 우리는 믿음과 기도를 통해 하나님으로부터 무엇이든 얻을 수 있다.

내 생각으로 다 이해할 수 없지만,
내 주님은 신실하시네.
나는 불신하며 흔들리지 않으리.
하나님이 말씀하셨기 때문에.

믿음, 강한 믿음, 약속은
그 말씀만을 보고 기대하네.
또한 불가능을 비웃으며
"그것은 이루어지리"라고 외치네.

하나님의 말씀의 많은 진술들이 기도의 가능성과 광범위한 성질을 말해주고 있다. 그런 진술들은 참으로 정념으로 가득 차 있다! "환난 날에 나를 부르라 내가 너를 건지리니 네가 나를 영화롭게 하리로다"(시 50:15). 게다가, 다음의 말씀을 읽어 보라. 진정 격려가 되는 말씀이다. "그가 내게 간구하리니 내가 그에게 응답하리라 그들이 환난 당할 때에 내가 그와 함께 하여 그를 건지고 영화롭게 하리라"(시 91:15).

환난이 미치는 범위는 참으로 다양하다! 그 정도는 참으로 거의 무한하다! 그 상태는 참으로 우주적이고 무시

무시하다! 그 파도는 참으로 절망적이다! 그렇지만 기도의 범위는 환난만큼 크고 슬픔만큼 우주적이며 비탄만큼 무한하다! 그리고 기도는 인간에게 다가오는 이 모든 해악들을 없앨 수 있다. 기도가 닦아줄 수 없는 눈물은 없다. 기도가 없애주고 향상시킬 수 없는 영의 의기소침은 없다. 기도가 몰아낼 수 없는 절망은 없다.

"너는 내게 부르짖으라 내가 네게 응답하겠고 네가 알지 못하는 크고 은밀한 일을 네게 보이리라"(렘 33:3). 주님의 이 말씀은 참으로 광범위하고 그 약속은 참으로 크며 참으로 믿음을 격려한다! 이 말씀은 진정 성도의 믿음을 북돋운다. 기도는 언제나 하나님으로 하여금 우리를 구원하시고 축복하시며 도우시게 한다. 하나님께 불가능한 일이 있는가? 있다면 말해 보라. 그분은 (천사를 통해) 이렇게 말씀하셨다. "대저 하나님의 모든 말씀은 능하지 못하심이 없느니라"(눅 1:37). 그리고 하나님 안에 있는 모든 가능성들은 기도 안에 있다.

이스라엘 사사 시대에 사무엘 이야기는 기도의 가능성과 필요성을 잘 설명해 준다. 사무엘 자신이 기도가 무엇을 의미하는지를 알고 있던 어머니의 믿음과 기도로 큰 혜택을 받았던 사람이다.

성품과 경건이 탁월한 여성이었던 그의 어머니 한나에게는 자녀가 없었다. 그녀에게 자녀가 없는 것은 근심과 연약함과 슬픔의 근원이었다. 그녀는 하나님께 나아가 구원해달라고 기도했고 주님 앞에 자신의 혼을 쏟아놓았다. 그녀는 계속해서 기도했다. 실제로, 그녀가 얼마나 반복적으로 기도했던지 늙은 엘리 제사장의 눈에 술에 취한 사람처럼 보였다. 그녀는 간절히 간구한 나머지 거의 제정신이 아닌 것처럼 보였다. 그녀의 기도는 아주 구체적이었다. 그녀는 아이를 원했고 아들을 달라고 기도했다.

그러자 하나님은 구체적으로 응답하셨다. 그녀에게 아들을 주신 것이다. 그리고 그는 진정 사나이가 되었다. 사무엘은 기도의 열매이며 그 자신도 기도의 사람으로 자랐다. 그는 능력 있는 중보기도자였는데, 특히 하나님 백성의 역사가 위기에 처했을 때에 그랬다. 다음의 말씀을 보면 그의 삶과 성품이 어떠했는지 알 수 있다. "사무엘이…이스라엘을 위하여 여호와께 부르짖으매 여호와께서 응답하셨더라"(삼상 7:9). 승리는 완벽했고, 에벤에셀은 기도의 가능성과 필요성의 기념비가 되었다(삼상 7:12를 보라).

그 후 다시금 사무엘은 밀을 벨 때 우레와 비를 보내달라고 하나님께 기도했고, 하나님은 그렇게 해주셨다. 사무엘은 기도하는 법을 아는 능력 있는 중보자였는데, 하나님은 그가 기도할 때면 언제나 그를 유심히 지켜보셨다. "사무엘이 근심하여 온 밤을 여호와께 부르짖으니라"(삼상 15:11).

다른 때에 그는 주님의 백성에게 이렇게 말했다. "나는 너희를 위하여 기도하기를 쉬는 죄를 여호와 앞에 결단코 범하지 아니하고"(삼상 12:23).

이러한 주목할 만한 경우들은 이 탁월한 이스라엘의 통치자가 어떻게 기도를 습관으로 만들었는지를 보여주며, 이것이 그의 통치의 탁월하고 현저한 특성이었음을 보여준다. 사무엘에게 기도는 생소한 행위가 아니었다. 그는 기도에 익숙해 있었다. 그는 기도하는 습관이 있었고 하나님께 이르는 길을 알고 있었으며 하나님으로부터 응답을 받았다. 그와 그의 기도를 통해 하나님의 목적이 그 낮고 비천한 상태로부터 나와 국가적 대부흥이 시작되었는데, 다윗은 그 열매들 중 하나였다.

사무엘은 기도로 하나님을 움직여 일하시게 했던 사람으로서 특히 눈에 띄는 구약시대의 탁월한 사람들 중 한 사람이었다. 하나님은 그가 무엇을 구하든 거절하실 수가 없었다. 사무엘의 기도는 언제나 하나님께 영향을 주고 움직여 만일 그가 기도하지 않았다면 다른 방법으로는 결코 이룰 수 없는 것을 하시도록 했다. 사무엘은 기도의 가능성들을 잘 설명해 주는 예로서 두드러져 보인다. 기도는 결국 이루어진다는 것을 그는 보여준다.

야곱은 모든 시대에 걸쳐 당당하고 정복적인 기도의 능력을 보여주는 하나의 예다. 하나님은 맞상대로서 그에게 오셨다. 하나님은 그와 맞잡고 겨루셨고, 마치 야곱이 중오에 찬 적에 붙잡혀 있는 것처럼 그를 흔들어 놓으셨다. 남을 속여 빼앗는 자요 교활하고 부도덕한 거래자였던 야곱에게는 하나님을 볼 수 있는 눈이 없었다. 그의 왜곡된 신념들과 그의 의도적인 속임과 과오가 그의 눈을 멀게 했다.

그 위기의 때에 필요한 것은 하나님께 이르고 하나님을 알며 하나님을 얻는 것이었다. 야곱은 혼자였고, 그 때 일진일퇴의 치열한 공방이 있었을 뿐만 아니라 그 싸움은 매우 강렬했고 쟁점이 오고 갔으며 결국 행운을 얻게 되었음을 바로 그 밤이 증언해 주었다. 거기에 약함이 지닌 강함, 자기 절망이 지닌 힘, 끈기가 지닌 에너지, 겸손이 지닌 고상함, 그리고 항복이 지닌 승리가 있었다. 야곱의 구원은 그가 온 밤을 지새며 벌였던 그 싸움에서 모았던 힘에서 나왔다.

야곱은 에서의 마음에 불타고 있던 증오심이 가라앉고 부드럽게 되어 사랑의 마음이 될 때까지 기도하며 울며 간구했다. 에서보다도 야곱에게서 더 큰 기적이 일어났다. 그의 이름과 그의 성품 그리고 그의 운명이 온 밤을 지새며 했던 기도를 통해 바뀌게 된 것이다. 성경은 그 밤 기도를 통한 싸움의 결과들에 대해 다음과 같이 기록하고 있다. "네가 하나님과 및 사람들과 겨루어 이겼음이니라"(창 32:28). "힘으로는 하나님과 겨루되 천사와 겨루어 이기고"(호 12:3-4). 불굴의 기도에는 진정 힘이 있다! 밤새도록 기도로 싸우면서 얻은 결과들은 참으로 대단하다! 하나님은 몹시 감동해 태도를 바꾸셨고, 두 사람의 성격과 운명이 바뀌게 되었다!

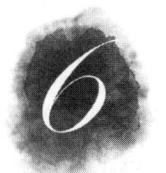

기도의 생명력

사탄은 기도 외에는 아무 것도 두려워하지 않는다. 그리스도를 잃어버린 교회는 선행으로 가득 찼다. 활동들이 늘면 묵상은 배척될지 모르며, 기관들이 늘면 기도할 기회를 갖지 못할지도 모른다. 영혼들은 악한 일에 열중할 수 있는 것처럼 선한 일에도 열중할 수 있다. 사탄의 단 한 가지 관심은 성도들이 기도하지 못하게 하는 것이다. 사탄은 기도 없이 하는 연구, 기도없이 하는 일, 기도가 없는 종교심 그 어느 것도 두려워하지 않는다. 사탄은 우리의 수고를 비웃고, 우리의 지혜를 조롱하지만 우리가 기도할 때는 떤다.
―새뮤얼 채드윅(Samuel Chadwick)

기도의 가능성들은 기도가 현세의 문제들에서 성취했던 것들에서 보여진다. 기도는 인간과 관계가 있는 모든 것―그것이 몸에 관한 것이든, 마음에 관한 것이든, 아니면 영혼에 관한 것이든—에 미친다. 기도는 삶의 가장 작은 것들에까지 미친다. 기도는 음식이나 의복 같은 몸의 필요를 포함하며, 사업과 재정에 관한 일들, 요컨대 이 세상에 속한 모든 것들 뿐만 아니라 영혼의 영원한 관심사들과 관계 있는 모든 것들도 포함한다. 기도의 성취는 지상의 큰 일들에서뿐만 아니라 심지어는 삶의 작은 일들이라고 여겨지는 것에서도 보여진다. 기도는 인간적으로 볼 때 큰 일들 뿐만 아니라 작은 일들도 성취한다.

순위로 볼 때, 현세의 일들은 영적인 일들보다 낮지만, 그것들은 우리와 중대한 관계가 있다. 우리의 현세적 관심사들은 우리들 삶의 큰 부분들을 구성한다. 그것들은 우리의 근심과 걱정의 주요 원인이다. 그것들은 우리의 신앙과 깊은 관계가 있다. 우리에게는 필요와 고통, 무능력과 한계를 지니고 있는 몸이 있다. 우리의 몸과 관계가 있는 것은 필연적으로 우리의 마음과 관계가 있다. 그것들은 기도의 제목이다. 기도는 그 모든 것을 포함하며, 우리 존재의 이 영역에서 기도가 이룬 것들은 상당하다.

우리들 현세의 문제들은 우리의 건강과 행복과 깊은 관계가 있다. 그것들은 우리의 관계들을 형성한다. 그것들은 정직성을 시험하는 것들이며 정의와 의의 영역에 속한다. 현세의 문제들에 관해서 기도하지 않는 것은 우리 존재의 가장 큰 영역에서 하나님을 제외시키는 것이다. 사도 바울이 빌립보서에서 우리에게 명하듯이, 모든 일에 대해 기도할 수 없는 사람은 진정한 의미에서 기도의 본질과 가치를 알 수 없다.

사업과 세월을 기도에서 제외시키는 것은 기도로부터 신앙과 영원을 제외시키는 것이다. 현세의 문제들에 대해서 기도하지 않는 사람은 영원한 문제들에 대해서도 확신을 가지고 기도할 수 없다. 일용할 양식을 얻기 위해 버둥거리는 일에 하나님을 개입시키지 않는 사람은 천국을 위해 하는 일에도 하나님을 개입시키지 않을 것이다. 기도로 몸의 필요를 포함시키며 채우지 않는 사람은 자신의 영혼의 필요도 포함시키며 채우지 않을 것이다. 몸과 영혼 모두 하나님께 의존하고 있으며, 기도는 그 의존을 부르짖어 표현하는 것에 지나지 않다.

구약은 하나님이 기도라는 자신이 정하신 신적 도구를 통해서 자신의 백성을 다루시는 것에 대한 기록이다. 아브라함은 소돔이 멸망을 당하지 않도록 기도했다. 아브라함의 종은 이삭의 아내를 택할 때 기도함으로 하나님의 지시를 받았다. 한나는 (아들을 위해) 기도했고, 그 기도에 대한 응답으로 사무엘을 얻었다. 엘리야가 기도하자 3년 반 동안 비가 오지 않았다. 그가 다시 기도하자 구름이 몰려오고 비가 내렸다. 히스기야는 기도를 통해 죽을병에서 고침을 받았다. 야곱은 기도를 통해 형 에서의 복수를 면할 수 있었다. 구약은 영적 축복뿐만 아니라 현세적인 축복을 위한 기도의 역사이다.

신약도 같은 원리들을 설명하고 강조한다. 신약에서 기도는 현세적 선과 영적 선 둘 모두의 전 영역을 포함한다. 우리 주님은 자신이 가르치신 우주적인 기도―모든 환경과 모든 시대 그리고 모든 조건에 적용되는 인간을 위한 기도―에서 다음과 같이 간구하라고 말씀하셨다. "오늘 우리에게 일용할 양식을 주시옵고"(마 6:11). 이것은 땅에 필요한 모든 선을 포함한다.

산상설교에서 우리 주님은 한 단락 전체에 걸쳐 음식과 의복의 문제를 거론하신다. 거기에서 주님은 그런 것들에 대해 지나친 근심과 염려를 하지 말라고 주의를 주신다. 동시에 몸에 안락을 주는 이 모든 필요를 포함시키고 요구하는 믿음을 가지라고 권하신다. 그리고 그 가르침은 기도에 관한 그분의 가르침과 밀접하게 관련되어 있다. 예수님은 음식과 의복이 기도의 제목이 될 수 있다고 가르치신 것이다. 한 순간도 그것들이 위대하신 하나님의 관심을 받을 만한 가치가 없거나 기도와 같은 영적 실천에 비해 너무 물질적이고 세속적이라고 암시하고 있는 곳은 없다.

수로보니게 여인은 딸의 건강을 위해서 기도했다(막 7:25-30을 보라). 베드로는 도르가가 소생하도록 기도했다(행 9:36-42를 보라). 바울은 로마로 가던 도중에 배가 난파되어 어느 섬에 당도했을 때 보블리오의 부친을 위해 기도했고, 하나님은 열병에 걸려 있던 그를 고쳐주셨다. 바울은 로마에 있던 그리스도인들에게 자신과 힘을 같이 하여 자신을 위해 기도함으로 자신이 나쁜 사람들로부터 구출을 받을 수 있게 해 달라고 요청했다(롬 15:30-32를 보라).

베드로가 헤롯왕에 의해 옥에 갇히게 되었을 때, 교회는 베드로가 감옥에서 풀려나도록 간절히 기도했고, 하나님은 그 초대 그리스도인들의 기도를 귀하게 여기셨다(행 12:1-17을 보라). 요한은 가이오가 "(그의) 영혼이 잘됨 같이 (그가) 범사에 잘되고 강건하기를"(요삼 1:2) 위해서 기도했다. 야고보는 다음과 같이 가르쳤다. "너희 중에 고난 당하는 자가 있느냐 그는 기도할 것이요…너희 중에 병든 자가 있느냐 그는 교회의 장로들을 청할 것이요…그를 위하여 기도할지니라"(약 5:13-14).

바울은 빌립보 교인들에게 쓰는 편지에서 이렇게 말했다. "아무 것도 염려하지 말고 다만 모든 일에 기도와 간구로, 너희 구할 것을 감사함으로 하나님께 아뢰라"(빌 4:6). 이것은 온갖 종류의 염려, 즉 사업에 대한 염려, 가정에 대한 염려, 육신에 대한 염려, 그리고 영혼에 대한 염려에 대비한다. 우리는 모든 염려를 기도로 하나님께 가져간다. 그리고는 자비의 보좌 앞에서 우리의 마음과 영혼은 우리에게 영향을 주거나 걱정이나 불안을 일으키는 모든 짐을 내려놓아야 한다. 바울의 이 말은 특히 그가 현세의 문제들에 관하여 말했던 것과 밀접하게 관련되어 있다.

> 내가 주 안에서 크게 기뻐함은 너희가 나를 생각하던 것이 이제 다시 싹이 남이니 너희가 또한 이를 위하여 생각은 하였으나 기회가 없었느니라 내가 궁핍하므로 말하는 것이 아니니라 어떠한 형편에든지 나는 자족하기를 배웠노니.(빌 4:10-11)

바울은 영적 필요뿐만 아니라 현세의 모든 필요를 포함

하는 말로 그들에게 보내는 서신을 마무리한다. "나의 하나님이 그리스도 예수 안에서 영광 가운데 그 풍성한 대로 너희 모든 쓸 것을 채우시리라"(빌 4:19).

기도는 몸과 사업과 관계된 모든 것을 포함한다는 가르침을 믿지 않기 때문에, 세상의 일에 대해 지나치게 염려하게 되고 불필요한 걱정을 하게 되며 마음의 상태가 아주 불행하게 된다. 만일 우리가 기도를 그러한 염려들을 없애는 수단으로 믿기만 한다면, 그리고 기도로 우리를 돌보시는 하나님―하나님은 우리를 돌보신다(벧전 5:7을 보라)―께 우리의 모든 염려를 맡겨버리는 행복한 기술을 배운다면, 우리는 진정 허다한 불필요한 염려에서 벗어날 수 있을 것이다! 하나님이 우리의 행복과 위로에 영향을 미치는 가장 작은 일들에 관해서도 관심을 가지고 계신다는 것을 믿지 않는 것은 이스라엘의 거룩하신 분을 제한하며 우리의 삶을 참된 행복과 달콤한 만족이 전혀 없는 것으로 만든다.

예수님이 변화산에 계실 때 한 아버지가 귀신들린 아들을 제자들에게 데리고 왔을 때 그들이 귀신을 쫓아내지 못한 경우에서, 우리는 믿음과 기도 그리고 금식이 서로 연결되어 있다는 것과 한 사건이 (그것의) 가능성들과 의

무들에 이르지 못한 것을 암시적으로 배우게 된다. 제자들은 응당 그 소년에게서 귀신을 쫓아내야만 했다. 그들은 바로 그 일을 하도록 보냄을 받았고, 주님은 그들에게 그 일을 할 수 있는 능력을 부여해 주셨기 때문이다. 그럼에도 그들은 완전히 실패했다. 그리스도께서는 그것을 제대로 하지 못한 제자들을 엄하게 꾸짖으셨다. 그들은 그 특정한 사명을 감당하도록 보냄을 받았었다. 우리 주님은 그들을 파송하실 때 그 일을 분명하게 말씀하셨다. 그들은 그 실패로 인해 부끄러움과 혼란을 느꼈고 주님과 주님의 일에 불신을 초래했다. 그들은 주님의 평판을 떨어뜨렸고, 자신들이 전하던 목적을 아주 심하게 손상시켰다. 그들의 믿음은 결코 사탄을 쫓아내지 못했는데, 그것은 그들의 믿음이 기도와 금식의 뒷받침을 받지 못했기 때문이다. 기도하지 않았기 때문에 믿음의 능력이 나타나지 않았고, 강하고 권위 있는 믿음의 에너지가 없었기 때문에 실패하고 만 것이다.

그 약속의 말씀은 다음과 같다(그리고 그것은 아무리 언급해도 지나칠 수 없다. 왜냐하면 그것은 바로 우리 믿음의 토대이며, 우리가 기도할 때 의거하는 기반이기 때문이다). "너희가 기도할 때에 무엇이든지 믿고 구하는 것은 다 받으리라"(마 21:22). 일람표 가운데 "무엇이든지…다"에 포함되는 것을 표로 만들고 항목별로 적고 한데 모을 수 있는 것이 있을까? 기도와 믿음의 가능성들은 사슬처럼 서로 끊임없이 연결되어 있으며 측정할 수 없는 범위를 포함한다.

히브리서에서 그 훌륭한 저자는 믿음의 본보기들을 구체적으로 언급하며 믿음의 놀라운 업적을 열거하려고 무척이나 애썼다. 그리고는 잠시 멈추었다가 그 이전 시대의 성도들이 예증했던 기도와 믿음의 아주 탁월한 성취들을 큰 소리로 말했다. 그것은 다음과 같다.

> 내가 무슨 말을 더 하리요 기드온, 바락, 삼손, 입다, 다윗 및 사무엘과 선지자들의 일을 말하려면 내게 시간이 부족하리로다 그들은 믿음으로 나라들을 이기기도 하며 의를 행하기도 하며 약속을 받기도 하며 사자들의 입을 막기도 하며 불의 세력을 멸하기도 하며 칼날을 피하기도 하며 연약한 가운데서 강하게 되기도 하며 전쟁에 용감하게 되어 이방 사람들의 진을 물리치기도 하며 여자들은 자기의 죽은 자들을 부활로 받아들이기도 하며 또 어떤 이들은 더 좋은 부활을 얻고자 하여 심한 고문을 받되 구차히 풀려나기를 원하지 아니하였으며.(히 11:32-35)

이것은 참으로 멋진 기록이다! 그 모든 성취가 군사력이나 인간의 초능력이나 마술에 의해서가 아닌 오직 그들의 믿음과 기도에 의해서 이루어졌다는 것은 참으로 놀라운 일이다! 기도에 대한 멋진 기록들은 믿음의 무한한 범위에 대한 이런 기록들과 함께 간다. 왜냐하면 그것들은 모두 하나이기 때문이다. 기도가 승리의 무기가 아닌 곳에서는, 그리고 기도가 면류관을 보석으로 장식해 주지 못하는 곳에서는, 믿음은 결코 승리를 얻지 못하며 면류관을 받지도 못한다. 만일 "믿는 자에게는 능히 하지 못할 일이 없"다면(막 9:23), 기도하는 사람에게는 모든 것이 가능하다.

> 그분을 의지하라. 그러면 당신은 실패하지 않으리.
> 당신의 모든 필요와 소원을 아뢰어라.
> 두려워하지 말라. 그분의 공덕이 있을 것이니.
> 오직 믿음으로 구하라. 그리하면 이루어지리라.

기도의 광범위한 범위

우리의 기도와 관련하여 우리의 찬양만큼 하나님을 기쁘시게 하는 것은 아무 것도 없다. 그리고 기도하는 사람에게 그가 부르는 찬양만큼 축복을 주는 것은 아무 것도 없다. 한번은 이와 관련하여 중국에서 큰 축복을 받은 적이 있다. 나는 고국에서 나쁘고도 슬픈 소식을 들었는데, 그로 인해 깊은 그림자가 내 영혼을 덮었다. 나는 기도했지만 어두움은 사라지지 않았다. 견디어내자고 스스로 다짐했지만 어두움은 깊어만 갔다. 바로 그때 나는 내지 선교부에 가게 되었고 거기에서 선교 센터 벽에 다음과 같은 말이 써 있는 것을 보았다. "감사하려고 노력하라." 나는 그렇게 했고, 한순간에 모든 그림자가 사라져 버렸다. 그리고 다시는 돌아오지 않았다. 그렇다. 시인이 "주의 이름을 찬양하는 것이 좋으니이다"(시 92:1)라고 읊은 것은 옳았다.

—헨리 프로스트(Henry W. Frost)

기도의 가능성들은 하나님의 행위 능력을 믿는 믿음에 의해서 측정된다. 믿음은 하나님이 일하시는 한 가지 으뜸가는 조건이며 인간이 기도하는 한 가지 으뜸가는 조건이다. 믿음은 그 분량만큼 하나님을 의지할 수 있다. 믿음에 따라 기도의 성격이 달라진다. 나약한 믿음은 언제나 나약한 기도를 낳고, 강한 믿음은 강한 기도를 낳는다. 예수님은 강한 기도의 필요성을 강조하는 비유의 말씀을 마무리지으면서 다음과 같은 날카로운 질문을 하셨다. "인자가 올 때에 세상에서 믿음을 보겠느냐"(눅 18:8).

귀신들린 자기 아들을 제자들에게 데려온 그 아버지는 제자들이 고치지 못하자, 이 번에는 주 예수 그리스도께 데리고 와서는 기울어 가는 믿음과 큰 슬픔을 가지고 가련하게 이렇게 부르짖었다. "무엇을 하실 수 있거든 우리를 불쌍히 여기사 도와주옵소서"(막 9:22). 그 때 예수님은 이렇게 말씀하셨다. "할 수 있거든이 무슨 말이냐 믿는 자에게는 능히 하지 못할 일이 없느니라"(막 9:23). 치유는 그 소년을 고치실 수 있는 그리스도의 능력을 믿는 믿음에 달려 있었다. 그 일을 행하실 수 있는 능력은 근본적으로 그리고 영원히 그리스도께 있었지만, 그 일이 수행되는 것은 믿음의 능력에 달려 있었다. 큰 믿음은 그리스도로 하여금 큰 일을 행하실 수 있게 한다.

우리는 하나님의 능력을 믿는 살아 있는 믿음을 필요로 한다. 우리는 하나님을 울타리 안에 가두어 놓고는 그분의 능력을 거의 믿지 않았다. 그분의 능력이 발휘되는 것을 제한함으로 우리는 작은 하나님을 가지게 되었으며 작은 하나님을 믿는 적은 믿음을 가지게 되었다.

하나님의 능력을 제한하고 그분으로 하여금 행하실 수 없게 하는 단 하나의 조건은 믿음의 부족이다. 하나님은 활동에 제한을 받지 않으시며, 사람들을 제한하는 조건들에 의해서 제한을 받지 않으신다.

사람들이 행동을 결정하는데 영향을 주는 시간, 장소, 근접성, 능력 그리고 그 외의 명명할 수 없는 다른 모든 것들의 조건들은 하나님께 아무런 영향도 주지 못한다. 만일 사람들이 하나님을 바라보면서 참된 기도로 그분께 부르짖는다면, 아무리 상태가 비참하거나 아무리 그 상황들이 구제 불가능할지라도, 그분은 들으시고 구해주실 수 있다.

하나님이 자기 백성들에게 자신의 행위 능력을 가르치시는 방법이 참으로 기이하다! 하나님은 아브라함과 사라에게 이삭이 태어날 것이라고 약속하셨다. 그러나 그 때

아브라함은 거의 백살이 다 되었고, 사라는 경수가 끊어져 아이를 가질 수가 없는 상태였다. 그녀는 아이를 갖는다는 생각은 터무니없는 일이라고 비웃었다. 하나님은 이렇게 물으셨다. "사라가 왜 웃으며…여호와께 능하지 못한 일이 있겠느냐"(창 18:13-14). 그리고 하나님은 그 노부부에게 약속하신 그대로 행하셨다. 모세는 말이 서툴렀기 때문에 이스라엘 민족을 애굽의 노예생활에서 해방시키시고자 하는 하나님의 목적을 감당하기를 주저했다. 하나님은 즉시 그의 말을 끊으시면서 다음과 같이 물으셨다.

> 모세가 여호와께 아뢰되 오 주여 나는 본래 말을 잘 하지 못하는 자니이다 주께서 주의 종에게 명령하신 후에도 역시 그러하니 나는 입이 뻣뻣하고 혀가 둔한 자니이다 여호와께서 그에게 이르시되 누가 사람의 입을 지었느냐 누가 말 못 하는 자나 못 듣는 자나 눈 밝은 자나 맹인이 되게 하였느냐 나 여호와가 아니냐 이제 가라 내가 네 입과 함께 있어서 할 말을 가르치리라.(출 4:10-12)

하나님이 이스라엘 자손들에게 한달 내내 고기를 먹게 해주시겠다고 말씀하셨을 때, 모세는 그것을 행하실 수 있는 그분의 능력을 의심했다. 주님은 모세에게 이렇게 말씀하셨다. "여호와의 손이 짧으냐 네가 이제 내 말이 네게 응하는 여부를 보리라"(민 11:23).

너무 어려워서 주님이 하실 수 없는 일이란 없다. 하나님은 "우리가 구하거나 생각하는 모든 것에 더 넘치도록 능히 하실 이"(엡 3:20)라고 바울은 선언했다. 기도는 하나님과 관계가 있고 그분의 행위 능력과 관계가 있다.

"무엇이든지"(all things, 마 21:22), "무엇이든지 다"(all things, whatsoever, 22절), "무엇이든지"(any thing, 요 14:14)는 모두 하나님의 능력에 적용된다. 긴급한 간청과 관련된 말씀으로 "무엇이든지 원하는 대로 구하라"(요 15:7)는 말씀이 있다. 왜냐하면 하나님은 우리의 소원이 갈망하고 또 하나님 자신이 약속하신 것은 무엇이든지 그리고 모든 것을 하실 수 있기 때문이다. 하나님은 자신의 행위 능력 안에서 인간이 구할 수 있는 능력 그 이상으로 응답하신다. 인간의 생각, 인간의 말, 인간의 상상력, 인간의 소원 그리고 인간의 필요는 결코 하나님의 행위 능력을 측정할 수 없다.

기도는 그 정당한 가능성들 안에서 하나님 자신의 능력에 의해 진행된다. 기도는 하나님의 약속뿐만 아니라 하나님 자신과 그분의 행위 능력을 믿는 믿음과 함께 앞으로 나아간다. 기도는 단지 그 약속에 따라 전진할 뿐만 아니라 그것은 약속들을 받고 약속들을 창출한다.

엘리야는 하나님이 비를 보내실 거라는 약속을 받았지만, 하나님이 불을 보내실 거라는 약속을 받지는 않았다. 그러나 믿음과 기도로 그는 비뿐만 아니라 불도 받았는데, 더욱이 불이 먼저 내렸다.

다니엘은 하나님이 자신에게 왕이 어떤 꿈을 꾸었는지 알려주실 거라는 구체적인 약속을 받지 않았지만, 그와 그의 동료들은 합심으로 기도했고, 하나님은 다니엘에게 그 왕이 꾸었던 꿈의 내용과 그것의 해석을 알려주셨다. 그로 인해 그들은 목숨을 잃지 않게 되었다.

히스기야는 하나님이 자신의 생명을 위협하는 중병을 고쳐주실 거라는 약속을 받지 못했다. 오히려 그는 선지자의 입을 통해 자신이 죽게 될 것이라는 주님의 말씀을 듣게 되었다. 그러나 그는 전능하신 하나님의 그 뜻을 받아들이지 않고 믿음으로 기도했고, 결국 하나님의 말씀을 되돌리는데 성공하여 살게 되었다.

하나님은 선지자의 입을 통해 "이스라엘의 거룩하신 이 곧 이스라엘을 지으신 여호와께서 이같이 이르시되 너희가 장래 일을 내게 물으며 또 내 아들들과 내 손으로 한 일에 관하여 내게 명령하려느냐"(사 45:11)라고 말씀하셨을 때 그것을 놀라운 것으로 만드신다. 그리고 하나님이 기도하는 백성의 손에 자신을 맡기신다는 이 굳센 약속을 하실 때, 그분은 그 안에서 자신의 위대한 창조적 능력에 호소한다. "내가 땅을 만들고 그 위에 사람을 창조하였으며 내가 내 손으로 하늘을 펴고 하늘의 모든 군대에게 명령하였노라"(사 45:12). 인간과 인간 세계를 만드시고 모든 것을 계속해서 유지하고 계시는 하나님의 위엄과 능력은 그분을 믿는 우리 믿음의 토대로서 그리고 기도에 대한 확신과 절박성으로서 언제나 우리 앞에 있다. 게다가, 하나님은 자신이 행하신 일로부터 불러내어 우리 마음을 직접 그분 자신에게로 돌리게 하신다. 우리로 하여금 자신의 인격(person)의 무한한 영광과 능력을 묵상하게 하신다. "너희는 이전 일을 기억하지 말며 옛날 일을 생각하지 말라"(사 43:18). 하나님은 자신이 "새 일을"(사 43:19) 행하시고 같은 일을 되풀이해서 하지 않으시며 자신이 행하신 모든 것이 자신의 행동이나 행동 방식을 제한하지 못할 것이라고 선언하신다. 그러므로 만일 우리에게 믿음과 기도가 있다면, 그분은 우리 기도에 응답하실 것이며, 자신의 이전 일이 기억나거나 생각나지 않도록 우리를 위해 일하실 것이다.

만일 사람들이 자신들이 마땅히 기도해야 할만큼 기도한다면, 과거에 생긴 놀라운 일들보다 더 놀라운 일들이 생길 것이다. 복음은 이전에는 결코 알려지지 않은 용이함과 능력과 함께 전파될 것이다. 복음의 문이 활짝 열릴 것이며, 하나님의 말씀은 전에는 알려지지 않은 정복력을 가지게 될 것이다.

만일 그리스도인들이 마땅히 기도해야 할만큼 강하고 당당한 믿음을 가지고 진지하고 성실하게 기도했다면, 사람들―하나님이 부르신 사람들, 도처에 있는 하나님의 능력을 받은 사람들―은 불타는 열정을 가지고 전 세계로 가서 복음을 전했을 것이다. 주님의 말씀은 전에는 결코 알려지지 않은 방식으로 전파되고 영광을 받았을 것이다. 하나님이 영향을 주신 사람들, 하나님이 감동시킨 사람들, 하나님이 파송하신 사람들이 도처에 있는 모든 민족에게 가서 그리스도와 구원과 천국을 위해 거룩한 불꽃을 피웠을 것이며, 곧이어 모든 사람들이 구원의 기쁜 소식을 듣고 예수 그리스도를 자신들의 개인적인 구주로서 영접할 수 있는 기회를 갖게 되었을 것이다.

이제 하나님의 말씀 가운데서 기도와 믿음에 대해 직접적으로 도전하는 중요하고 한없는 언급 중 다른 하나를 보도록 하자. "자기 아들을 아끼지 아니하시고 우리 모든 사람을 위하여 내주신 이가 어찌 그 아들과 함께 모든 것을 우리에게 주시지 아니하겠느냐"(롬 8:32).

여기에서 우리가 기도와 믿음을 위해 가지고 있는 토대는 넓이와 깊이와 높이가 참으로 한이 없고 측량할 수 없다! 우리에게 "모든 것"을 주시겠다고 하신 약속은 하나님이 우리의 구속을 위해 자신의 외아들을 아낌없이 주셨다는 사실에 의해 지지를 받는다. 하나님이 자기 아들을 주신 것은, 그분은 믿고 기도하는 사람에게 "모든 것"을 아무런 대가없이 주실 것이라는 확신과 보증이다.

우리로 하여금 구하고자 하는 마음을 품게 하는 이런 하나님의 말씀에 근거하여 우리는 진정 확신을 가질 수 있게 된다! 우리는 참으로 여기에서 가장 크게 구하는 대담함을 갖게 된다! 어떠한 진부한 말투도 우리가 가장 크게 구하는 것을 제한하게 해서는 안 된다! 크게, 더 크게, 그리고 가장 크게 구하는 것은 은혜를 크게 하며 하나님의 영광을 더해준다. 약하게 구하는 것은 구하는 사람을 약하게 하고 가장 큰 선을 위한 하나님의 목적들을 제한

하며 하나님의 영광을 가린다.

하늘에 계신 아버지 하나님 우편에서 중보하시는 우리 주 예수 그리스도의 중보는 참으로 영광스럽고 비길 데 없으며 고귀하다! 예수님의 중보의 이익들은 우리의 중보를 통해 우리에게 흘러온다. 우리의 중보는 감화력과 필요성에 의해서 아버지 하나님 우편에서 하시는 그리스도의 위대한 사역의 영감과 광대함을 붙잡지 않으면 안 된다. 주님의 사역과 삶은 기도하는 것이다. 우리의 사역과 삶도 기도하되 "쉬지 말고 기도"(살전 5:17)하는 것이어야 한다.

우리가 중보하지 않으면 주님의 중보의 열매에 영향을 미친다. 우리가 하는 게으르고 냉랭하고 나약하고 무관심한 기도는 그리스도의 기도의 효력을 약화시키며 방해한다.

역사 속의 기도

개인 기도의 특별한 가치는 보다 더 자유롭게 하나님께 나아가서 다른 어떤 방법보다 더 온전하게 우리 마음을 털어놓을 수 있다는데 있다. 우리와 하나님 사이에는 사적이고 개인적인 관심사, 고백해야 할 죄, 그리고 충족되어야 할 필요가 있는데, 그것들은 세상에 드러내기에 적절하지 않은 것들이다. 이 의무는 모든 시대에 걸쳐 훌륭한 사람들이 보여주는 예에 의해 강화된다.

—아모스 비니(Amos Binney)

기도의 가능성은 기도의 사실과 역사에 의해서 입증된다. 사실은 확고한 것이며 또한 진실한 것이다. 이론은 단지 추론에 불과할지 모르며 견해는 전적으로 잘못될 수 있다. 그러나 사실은 존중되어야 한다. 그것은 무시될 수 없다. 사실에 의해서 판단되는 기도의 가능성은 무엇인가? 기도의 역사는 무엇인가? 그것은 우리에게 무엇을 나타내는가? 기도는 하나님의 말씀 안에 쓰여져 있고 하나님의 성도들의 경험과 삶 속에 기록되어 있는 하나의 역사를 가지고 있다. 역사는 예를 통해서 진리를 가르친다. 우리는 역사를 왜곡시킴으로써 진리를 놓칠지도 모르지만, 그러나 진리는 역사의 사실들 안에 있다.

> 하나님은 떡갈나무에서 아브라함에게 말씀하셨고,
> 그분은 쟁기를 잡고 있던 엘리사를 부르셨으며,
> 그분은 양 무리 가운데서 다윗을 취하셨네.
> 지금은 바로 당신의 날, 당신이 은혜를 받아야 할 때라네.

하나님은 사실들을 통해 진리를 계시하신다. 하나님은 종교 역사의 사실들을 통해 자신을 계시하신다. 하나님은 성경 역사의 사실들과 예들을 통해서 우리에게 자신의 뜻을 가르치신다. 하나님의 사실들과 하나님의 말씀 그리고 하나님의 역사는 모두 완전한 조화를 이루며, 모두 자체 안에 하나님의 것을 많이 가지고 있다. 하나님은 기도에 의해서 세상을 다스려 오셨고, 지금도 여전히 하나님 자신이 정하신 그 동일한 수단에 의해서 세상을 통치하신다.

기도의 가능성들은 각 개인을 포함할 뿐만 아니라 도시들과 민족들을 포함한다. 그것들은 계층들과 사람들을 포함한다. 모세의 기도는 이스라엘 민족을 멸망시키겠노라고 하나님이 선포하신 목적에 따라 그들에게 발하신, 하나님의 진노와 그 신적 목적을 실행하는 것 사이에 가로놓인 기도로서 여전히 히브리 민족을 존속하게 한 기도였다. 그럼에도 불구하고 소돔은 살아남지 못했는데, 그곳에서 열 사람의 의인을 찾을 수 없었기 때문이다. 그에 비해 작은 성이었던 소알은 살아남게 되었는데, 그것은 롯이 소돔을 태워 재로 만들어 버린 불과 유황에서 도피하면서 그곳을 위해 기도했기 때문이다. 니느웨는 왕과 백성이 자신들의 악한 길을 회개하고 금식하며 기도했기 때문에 구원을 받았다.

바울은 에베소서에서 자신이 했던 탁월한 기도에서 기도의 무한한 가능성들에 경의를 표했고, 기도에 응답하실 수 있는 하나님의 능력을 찬미했다. 그는 그 간구들이 광범위에 미치는 그 주목할 만한 기도를 마치면서 그리고 가장 심오한 종교적 경험을 진술하면서, 하나님은 "우리

가운데서 역사하시는 능력대로 우리가 구하거나 생각하는 모든 것에 더 넘치도록 능히 하실 이"(엡 3:20)라고 선포했다. 기도는 포괄적이어서 크고 작은 모든 일을 포함한다. 기도가 포함하여 거룩하게 하지 못할 때나 장소는 없다. 땅의 모든 것과 하늘의 모든 것, 한 때를 위한 모든 것과 영원을 위한 모든 것, 그 모든 것은 기도 속에 포함된다. 너무나 크고 너무나 작아서 기도의 주제가 될 수 없는 것은 아무 것도 없다. 기도는 삶의 가장 보잘 것 없는 것들에까지 미치며 우리와 관련되어 있는 가장 큰 일들을 포함한다.

> 고통이 괴롭히거나 악행이 억압해도,
> 염려로 마음이 산만해지거나 두려움이 놀라게 해도,
> 죄책으로 낙담하거나 죄로 마음이 아파도
> 늘 깨어 기도하라.

우리에게 있는 가장 중요하고 광범위하고 평안을 주고 필수적이며 실제적인 기도의 가능성들 중 하나는 빌립보서에 나오는 바울의 말속에 있으며, 그것은 기도를 쓸데없는 염려에 대한 치유책으로 다룬다.

아무 것도 염려하지 말고 다만 모든 일에 기도와 간구로, 너희 구할 것을 감사함으로 하나님께 아뢰라 그리하면 모든 지각에 뛰어난 하나님의 평강이 그리스도 예수 안에서 너희 마음과 생각을 지키시리라.(빌 4:6-7)

염려는 전염병처럼 만연하고 있는 인류의 해악이다. 그것은 인류 전체에 미치며 인간의 타락한 상태와 관계가 있다. 지나치게 걱정하는 성향은 죄의 자연스런 결과이다. 염려는 어떤 형태로나 아무 때나 그리고 어느 곳에서나 나타난다. 그것은 모든 시대와 모든 지역에 닥친다. 가정 내의 염려들은 기도 외에는 피할 방법이 없다. 사업상의 염려, 빈곤에 대한 염려 그리고 부에 대한 염려도 있다.

우리의 세상은 염려하는 세상이며, 우리는 염려하는 사람들이다. 바울은 "아무 것도 염려하지 말"(빌 4:6)라고 아주 적절하게 주의를 준다. 그것은 하나님의 명령이며, 그렇게 함으로 우리는 염려를 초월하여 살 수 있게 되고 쓸데없는 걱정 근심에서 자유롭게 될 수 있다. "다만 모든 일에 기도와 간구로, 너희 구할 것을 감사함으로 하나님께 아뢰라"(빌 4:6). 이것은 모든 걱정 근심, 모든 염려 그리고 모든 내적인 고민에 대해 하나님이 처방하신 치유책이다.

"염려하는"(careful)이라는 말은 다른 방향으로 이끌려져서 심령이 산만하게 되고 불안해지고 혼미해지며 괴로움을 받는 것을 뜻한다. 예수님은 산상설교에서 이것에 대해 경고하시면서 제자들에게 육신의 필요에 관한 일들과 관련하여 "내일 일을 위하여 염려하지 말라"(마 6:34)고 진정으로 촉구하셨다. 예수님은 음식과 옷에 관한 걱정과 불필요한 염려에서 벗어난 평온한 마음이 참된 비결이라는 것을 그들에게 보여주시려고 노력하고 있었다. 내일의 해악은 염두에 두지 않아야 한다. 예수님은 시편 37편 3절의 "여호와를 의뢰하고 선을 행하라 땅에 머무는 동안 그의 성실을 먹을 거리로 삼을지어다"와 같은 교훈을 명료하게 가르치고 계셨다. 내일 있을 것 같은 해악과 육신의 물질적 필요에 대해 두려워하지 말라고 경고하시면서, 우리 주님은 어린아이와 같이 절대적으로 하나님을 신뢰하라는 중요한 교훈을 가르치고 계셨다. "네 길을 여호와께 맡기라 그를 의지하면 그가 이루시고"(시 37:5).

> 그 약속은 이렇게 말하네. "날마다"
> 매일의 필요를 위한 매일의 힘을 구하고
> 육감적인 두려움을 떨쳐버리며

오늘의 만나를 취하라고.

 "아무 것도 염려하지 말고"라는 바울의 명령은 아주 구체적이었다. 하나라도 염려하지 말라. 어떤 일이나 어떤 상황, 어떤 경우나 어떤 사건에 대해서도 걱정하지 말라. 우리 안에 불안케 하는 염려를 일으키는 어떤 것에 대해서도 아무 것도 걱정하지 말라. 모든 염려와 모든 근심, 모든 고민과 모든 걱정에서 벗어난 마음을 가져라. 염려는 마음의 통일과 안정을 분열시키고 산만하게 하고 어리둥절하게 하며 깨뜨린다. 염려는 나약한 신앙심(piety)에 치명적이며 강한 신앙심을 약화시킨다. 염려로부터 자신을 지키고 그것을 치유하는 한 가지 비결을 배워야 할 커다란 필요가 우리에게 있는데, 그 비결은 기도다!

 기도에는 바울이 말한 마음의 상태를 치유할 수 있는 무한한 가능성이 있다! 범사에 관한 기도는 어떠한 마음의 산란도 가라앉힐 수 있고 어떠한 걱정도 진정시킬 수 있으며 염려에 노예가 되어 있는 삶과 염려로 어찌할 바를 모르는 마음으로부터 모든 염려를 없애줄 수 있다. 구체적인 기도는 모든 고민과 염려 그리고 걱정에 대한 완전한 치유책이다. 범사에 관한 기도만이 분명치 않은 염려를 몰아낼 수 있고 불필요한 마음의 짐을 덜 수 있으며 우리가 어찌할 수 없는 것들에 대해 걱정하는 집요한 죄로부터 (우리를) 구할 수 있다. 기도만이 "모든 지각에 뛰어난 하나님의 평강"(빌 4:7)을 마음과 생각 안으로 가져올 수 있으며, 견딜 수 없도록 무거운 염려로부터 벗어나서 생각과 마음을 편안하게 유지할 수 있게 된다.

아, 안달하며 고민하는 그리스도인들이 불필요한 마음의 짐을 짊어지는도다! 안달하며 고민하고 근심걱정에 시달린 인생의 폭풍우와 큰 파도로부터 벗어나 완전한 평안으로 가득 찬 행복한 기독교적 삶의 참된 비밀을 아는 이들이 참으로 적다! 기도는 인생의 파멸의 원인인 "염려"로부터 우리를 구할 수 있는 가능성을 가지고 있다. 바울은 고린도교회에 편지하면서 "너희가 염려 없기를 원하노라"(고전 7:32)고 말했고, 또한 그것은 하나님의 뜻이라고 말했다. 기도는 바로 이것을 할 수 있는 능력을 가지고 있다. 시인은 "분을 그치고 노를 버리며 불평하지 말라 오히려 악을 만들 뿐이라"(시 37:8)고 말하는 한편, 베드로는 "너희 염려를 다 주께 맡기라 이는 그가 너희를 돌보심이라"(벧전 5:7)고 말했다. 아, 모든 사람이 내면의 모든 염려와 쓸데없는 근심에서 벗어나 마음 편안히 모든 지각에 뛰어나신 하나님의 평강을 누리는 복을 받을 수 있다면 좋으련만!

하나님의 약속과 그분의 목적 둘 다를 포함하며 "아무 것도 염려하지 말"라는 간청에 앞서는 바울의 명령은 이 것이다. "주 안에서 항상 기뻐하라 내가 다시 말하노니 기뻐하라 너희 관용을 모든 사람에게 알게 하라 주께서 가까우시니라"(빌 4:4-5).

유혹이 지배적으로 팽배하고 우리를 괴롭히는 것들이 그토록 많은 온갖 종류의 염려가 가득 차 있는 세상에서 항상 기뻐하는 것이 어떻게 가능할까? 우리가 그 명백하고 문자 그대로의 명령에 주목하고 그 말씀을 하나님의 말씀으로 받아들이고 존중하지만, 기쁨은 오지 않는다. 어떻게 하면 우리는 우리의 관용과 유순함과 관대함을 널리 누구에게나 그리고 항상 알릴 수 있을까? 우리는 인정 많고 관대하기로 결심한다. 우리는 주님이 가까이 계심을 기억하지만 그럼에도 여전히 경솔하고 조급하고 인색하며 신랄하다.

우리는 "아무 것도 염려하지 말라"는 하나님의 명령을 듣지만, 여전히 걱정하고 염려에 시달리고 염려로 야위고 마음이 뒤숭숭하다. 우리는 어떻게 약속으로는 그토록 달

8. 역사 속의 기도

콤하고 크며, 눈으로 보기에는 아름답지만 결코 실현되지 않은 하나님의 말씀을 이행할 수 있을까? 어떻게 진실 되고 정직하고 정의롭고 순전한 풍부한 유산을 얻고 아름다운 것들을 소유할 수 있을까? 처방은 확실하고 치유법은 우주적이며 치유는 분명하다. 그것은 우리가 이 책에서 자주 언급해온 바울의 말 속에서 발견된다. "아무 것도 염려하지 말고 다만 모든 일에 기도와 간구로, 너희 구할 것을 감사함으로 하나님께 아뢰라"(빌 4:6).

날마다 신자를 기쁘게 해 주고 단순하게 믿음으로 살게 하는 이러한 기쁘고 염려 없고 평화로운 경험은 하나님의 뜻이다. 바울은 데살로니가교회에 편지하면서 그들에게 이렇게 말했다. "항상 기뻐하라 쉬지 말고 기도하라 범사에 감사하라 이것이 그리스도 예수 안에서 너희를 향하신 하나님의 뜻이니라"(살전 5:16-18). 우리가 모든 염려와 지나친 걱정에서 온전하게 해방되는 것이 하나님의 뜻일 뿐만 아니라, 하나님은 기도를 우리가 그 행복한 마음의 상태에 이를 수 있는 수단으로 정하셨다.

개역판(the Revised Version)은 빌립보서 4장의 그 구절(6-7절)에 약간의 변화를 주는데, 거기에서는 "아무 일에도 걱정하지 말라"(In nothing be anxious)와 "하나님의 평강이 너희 마음과 너희 생각을 지킬 것이다"(the peace of God…shall guard your hearts and your thoughts)라고 말하고 있다. 그 앞 구절에서 바울은 "주 안에서 항상 기뻐하라"(4절)고 썼다. 즉 항상 주님 안에서 기뻐하고 주님과 함께 만족하라는 것이다. 그렇게 함으로 당신은 만족하게 되어 "아무 것도 염려하지" 않게 될 것이다. 이 기쁨은 기도를 위한 문이며 또 기도의 통로이다. 주님 안에 있는 기쁨의 햇살과 쾌활함은 기도의 힘이자 뱃심이며 그 승리의 평강이다.

"관용"(빌 4:5)은 기도의 무지개를 만든다. 그 말은 부드러움과 공정함과 친절함과 좋은 합리성을 뜻한다. 개역판은 그것을 "오래 참음"(forbearance)으로 번역하고 있으며, 난외 관주에 "관대함"(gentleness)으로 주를 달아놓고 있다. 그것은 진정 강하고 아름다운 성격과 광범위하고 좋은 명망을 이룩하는 진귀한 요소와 아름다운 채색이다! 명망이 확실한 기뻐하고 관대한 심령은 기도에 잘 부합된 것이며, 염려로 인해 생기는 혼란과 불안에서 벗어나게 된다!

8. 역사 속의 기도

역사적 관점에서 본 기도

기도를 무시하는 것은 성결을 방해하는 커다란 장애물이다. 우리가 받지 못함은 구하지 않기 때문이다. 아, 만일 당신이 구하기만 했었다면, 오늘 당신은 하나님과 사람들 모두에게 참으로 온유하고 관대하고 마음이 겸허하며 사랑으로 가득 찼을 것이다! 만일 당신이 쉬지 않고 늘 기도했었다면! 구하라. 그리하면 우리 주님이 산상설교에서 아주 아름답게 설명했던 그 신앙 전체를 철저하게 경험하고 온전하게 실천하게 될 것이다.

−요한 웨슬리(John Wesley)

바울이 우리에게 가라고 명하는 곳은 기도 골방이다. 견딜 수 없이 무겁고 괴롭게 하는 모든 염려에 대한 확실한 치유법은 기도이다. 주님이 가까이 계신 곳은 기도 골방이다. 그곳에서 우리는 주님을 항상 발견하며, 그분은 우리를 축복하고 자유롭게 하며 돕기 위해서 그곳에 가까이 계신다. 다른 어떤 곳보다도 주님의 임재와 능력이 더 온전하게 나타나는 곳은 기도의 골방이다.

바울은 참된 기도의 보어로서 기도와 간구 그리고 감사와 같은 다양한 용어들을 사용한다. 우리 영혼은 이 모든 영적 실천 가운데 있어야 한다. 만일 갈등과 내적 고민을 일으키는 이러한 부당한 근심에서 벗어나고자 한다면, 그리고 만일 모든 지각에 뛰어난 그 평강의 풍성한 열매를 얻고자 한다면, 건성으로 기도하지 말아야 하고 기도의 본성을 제한하지 말아야 하며 기도의 능력을 꺾지 않아야 한다. 기도하는 사람은 영적 특성들이 균형 잡혀 있는 진지한 영혼이어야 한다.

바울은 "모든 일에…너희 구할 것을…하나님께 아뢰라"(빌 4:6)고 말했다. 기도로 다룰 수 없거나 구할 수 없을 만큼 큰 일이란 없다. 골방에서 가볍게 취급당할 만큼 사소한 일이란 없으며, 중재를 받지 못할 만큼 아주 작은 일이란 없다. 염려가 모든 근원에서 오듯이, 기도는 모든 근원에 이른다. 기도에는 작은 일이란 없듯이, 하나님이 보시기에 작은 일이란 없다. 우리의 머리털까지 다 세시며 땅에 떨어지는 참새도 지켜보시는 하나님은 자신의 자녀들의 행복과 필요 그리고 안정과 관계가 있는 모든 것을 주목하신다. 기도는 하나님으로 하여금 사람들이 인생의 아주 작은 일이라고 부르기를 즐겨하는 일도 다루시게 한다. 인간의 삶은 이러한 작은 일들로 이루어지며, 종종 위대한 결과들은 아주 작은 시작에서 비롯된다.

> 주님, 기도로 주님께 가져가지 못할 만큼
> 작은 슬픔이란 없습니다.
> 너무 가벼워 주님의 동정심을
> 불러일으키지 못할 만큼
> 근심 어린 염려는 없습니다.
>
> 주님의 신령한 귀에 들리지 못할 만큼
> 우리의 은밀한 한숨소리는 없습니다.
> 그리고 주님, 주님의 그늘 밑에 있으면
> 모든 십자가는 가벼워집니다.

기도로 모든 것을 전능하신 하나님께 가져갈 때, 우리는 우리에게 영향을 미치는 것은 무엇이든지 하나님과 관계가 있다는 것을 확신하게 된다. 기도에 대한 이 명령은 얼마나 포괄적인가? "모든 일에 기도로." 여기에서 현세적인 것과 영적인 것 사이의 구별은 없다. 그와 같은 구별은 믿음과 지혜 그리고 경의에 반한다. 하나님은 자연과 은혜 안에 있는 모든 것을 다스리신다. 인간은 영적인 것에 의해서 뿐만 아니라 세속적인 것에 의해서 현세와 영원 모두에 영향을 받는다. 인간의 구원은 그의 기도뿐만 아니라 그의 일에도 달려 있다. 인간의 일은 그의 부지런함에 달려 있는 것과 같이 그의 기도에 달려 있다.

경건에 대한 주된 장애물들, 즉 악마가 가장 바라고 또 가장 치명적인 유혹들은 일에 있으며 현세의 일들과 함께 놓여 있다. 가장 무겁고 가장 당황하게 하며 가장 망연해지게 하는 염려는 세속적이고 현세적인 문제들 옆에 있다. 그러므로 우리에게 일어나고 또 우리와 관계가 있는 모든 일에 대해, 우리가 우리에게 일어나기를 바라는 모든 일과 우리에게 일어나기를 바라지 않는 모든 일에 대해 우리는 기도해야 한다. 기도는 모든 일을 축복하고 모든 일을 가져오고 모든 일을 해방시키며 모든 일을 예방한다. 모든 곳과 모든 때 뿐만 아니라 모든 일은 기도에 의해 정해진다. 기도는 자체 안에 우리에게 영향을 미치는 모든 일에 영향을 미칠 수 있는 가능성을 가지고 있다. 여기에 기도의 굉장한 가능성들이 있다.

인생의 쓴맛이 기도에 의해 얼마나 달콤하게 되는가? 약한 사람들이 기도에 의해 얼마나 강한 사람들이 되는가? 기도의 활력 앞에서 질병은 달아난다. 의심과 불안 그리고 전율하는 두려움은 기도 앞에서 물러간다. 지혜와 지식과 성결 그리고 천국은 기도의 명령에 따른다. 기도의 영역 밖에 있는 것은 아무 것도 없다. 기도는 우리 주 예수 그리스도께서 공급해 주시는 모든 것을 얻을 수 있는 능력을 가지고 있다. 바울은 "모든 일에 기도로"(빌 4:6)라고 말함으로 모든 분야를 포함시켰고 인간의 관심과 조건 그리고 사건의 전 영역을 총망라했다.

간구와 감사는 기도와 결합되어야 한다. 소용이 되는 것은 예배의 위엄, 의식의 화려함, 예배 의례(ritual)의 장엄함이 아니며 성례전의 검소함도 아니다. 이 기도의 실천에서 도움이 되는 것은 단순히 하나님 앞에서 영혼을 그분에게 바치고 낮추는 것이 아니며 무언의 경외도 아니다. 오히려 그것은 간구의 강도, 즉 바라고 구하는 것이 이루어지도록 하나님께 간절하게 간구하는 영혼의 바라봄과 고양이다.

거기에는 감사의 빛과 감사의 마음 그리고 감사의 말이 있어야 한다. 이것은 단순히 찬송의 시가 아니라 진심 어린 말이고 감사의 산문(prose)이다. 과거를 기억하고 그 안에서 하나님을 보며 그러한 인정을 거짓 없는 감사의 말로 표명하는 진심 어린 감사가 있어야 한다. 내면 깊은 곳에 감추어져 있는 것들은 말로 표현해야 한다. 입술은 영혼의 노래를 불러야 한다. 하나님께 감격하는 마음, 그분의 임재에 의해 조명을 받는 마음, 그분의 오른팔에 의해 인도함을 받는 삶은 무언가 하나님께 감사할 말을 가지고 있어야 한다. 그러한 것은 자신의 과거의 사건들 속에서 행하신 하나님을 인정하는 것이고 그분의 선하심으로 인해 하나님을 높이는 것이며 자신의 과거를 존중하신 하나님께 경의를 표하는 것이다.

"너희 구할 것을 감사함으로 하나님께 아뢰라"(빌 4:6). 우리는 구할 것을 하나님께 아뢰어야 한다. 침묵은 기도가 아니다. 기도는 무언가 우리가 가지고 있지 않은, 우리가 바라고 또한 하나님이 기도에 대한 응답으로 주시겠다고 약속하신 것을 하나님께 구하는 것이다. 기도는 진정말로 구하는 것이다. 말이 기도로 표현된다. 힘있는 말과 참된 말은 기도 속에서 발견된다. 기도하는 가운데 바라는 것이 말로 표현되는 것이다. 기도하는 사람은 간구하는 사람이다. 그는 주장과 약속 그리고 필요에 따라 간구하는 기도를 한다.

때때로 큰 소리로 기도한다. 시인은 "저녁과 아침과 정오에 내가 근심하여 탄식하리니(will I pray, and I cry out) 여호와께서 내 소리를 들으시리로다"(시 55:17)라고 말했다. 기도하는 사람은 무언가 자신이 가지고 있지 않은 것을 원한다. 그는 무언가 하나님이 자신의 손 안에 가지고 계시고 그가 기도로 얻을 수 있는 것을 원한다. 그는 빈궁하고 어찌할 바를 모르고 억압을 받으며 갈팡질팡한다. 그는 간구하고 기도하고 감사하면서 하나님 앞에 있다. 이것들은 그의 영혼이 하나님을 알현하러 나아가는 시간에 갖는 태도요 경의요 소양이요 방식이다.

구할 것은 자신을 위해 구하는 것이다. 그는 곤경에 처해 있다. 그는 무언가를 필요로 하되, 절실하게 그것을 필요로 한다. 다른 도움은 실패로 끝나버렸다. 구할 것은 무언가 이루어지지 않은 것을 이루어지게 해 달라고 간구하는 것이다. 구하는 것은 제공자이신 하나님이 주시는 선물만이 아니라 하나님 그 자신이다. 기도하는 사람은 자신이 구하는 것을 "하나님께 아뢰"야 한다(빌 4:6). 구하는 것을 하나님이 아실 수 있도록 그것을 그분께 가져가야 한다. 바로 그때 염려는 날아가 버리고 근심은 사라지고 걱정은 떠나며 영혼은 편안하게 된다. 그러면 "모든 지각에 뛰어난 하나님의 평강이"(빌 4:6) 마음속으로 살며시 스며든다.

> 의심하는 마음이여, 평안하라!
> 나는 나를 지으시고 내게 두려움을
> 허락하지 않으시는 내 하나님의 것이라.
> 주님은 내 이름을 부르시고 보호하시네
> 영원히 가까이 계시면서. 나를 위해 흘리신
> 그분의 피 단번에 나를 속량하시고
> 언제나 사랑하시며 지키시네.

야고보서 5장에는 기도와 그 가능성들에 대한 또 하나의 멋진 묘사가 나오는데, 그것은 질병과 건강, 죄와 용서, 그리고 비와 가뭄과 관련된 것이다. 다음은 기도에 대해 야고보 사도가 가르치는 것이다.

> 너희 중에 고난 당하는 자가 있느냐 그는 기도할 것이요

즐거워하는 자가 있느냐 그는 찬송할지니라 너희 중에 병든 자가 있느냐 그는 교회의 장로들을 청할 것이요 그들은 주의 이름으로 기름을 바르며 그를 위하여 기도할지니라 믿음의 기도는 병든 자를 구원하리니 주께서 그를 일으키시리라 혹시 죄를 범하였을지라도 사하심을 받으리라 그러므로 너희 죄를 서로 고백하며 병이 낫기를 위하여 서로 기도하라 의인의 간구는 역사하는 힘이 큼이니라 엘리야는 우리와 성정이 같은 사람이로되 그가 비가 오지 않기를 간절히 기도한즉 삼 년 육 개월 동안 땅에 비가 오지 아니하고 다시 기도하니 하늘이 비를 주고 땅이 열매를 맺었느니라.(약 5:13-18)

이 기도는 자기 자신의 필요를 위한 기도와 다른 사람들을 위한 중보 기도, 육신의 필요를 위한 기도와 영적 필요를 위한 기도, 가뭄을 위한 기도와 비를 위한 기도, 현세적인 일을 위한 기도와 영적인 일을 위한 기도이다. 기도의 범위가 참으로 넓다! 그것의 가능성들이 참으로 놀랍다!

온갖 종류의 고통과 불황에는 치유책이 있는데, 우리는 여기에서 질병을 위한 치유책과 가뭄의 때에 비를 위한 해결책이 있음을 알게 된다. 여기에 죄를 용서받는 방법이 있다. 한번의 기도가 자연의 힘을 무기력하게 만들고 구름과 비와 이슬을 멈추게 하며 태풍이 훑고 지나가듯이 전답과 농장을 못쓰게 만든다. 기도는 말라버리고 황폐해진 땅에 구름과 비와 생산력을 가져온다.

"의인의 간구는 역사하는 힘이 큼이니라"(약 5:16)는 일반적인 진술은 강력한 힘으로서의 기도에 대한 진술이다. 두 단어가 사용되고 있다. 하나는 실제적인 기도, 즉 작용하는 힘을 나타내는 반면, 다른 하나는 자질(endowment)로서의 기도이다. 기도는 능력이며 힘이다. 다시 말하면 그것은 하나님께 영향을 주며, 인간에게 은혜가 넘치는 유익을 줄 때 가장 이롭고 광범위하고 놀라운 힘과 능력이다. 기도는 하나님을 움직인다. 하나님이 인간을 위해 하실 수 있는 능력이 기도의 가능성을 재는 척도이다.

> 왕께 나아오는 당신이여,
> 구할 것을 많이 가지고 오라.
> 그분의 은혜와 능력은
> 누구도 다 구할 수 없을 만큼
> 아주 많기 때문이라오.

기도의 응답

자신의 책 『군인의 수첩』(*Soldier's Pocket Book*)에서 월슬리 경(Lord Wolseley)은 만일 젊은 장교가 진급하기를 바란다면 가장 위험한 일을 자원해서 해야 하고 자신의 생명의 위협을 무릅쓰고 모든 가능한 기회를 잡아야 한다고 말한다. 그것은 존 멕켄지(John McKenzie)라는 예수 그리스도의 좋은 군사가 하나님을 섬길 때 보여주었던 것과 같은 정신과 용기였다. 외지 선교부에서의 사역을 갈망하던 소년 시절 어느 날 저녁, 그는 나무 밑에서 무릎을 꿇고 이렇게 기도했다. "오 주님, 이 세상의 가장 어두운 곳으로 저를 보내주세요." 하나님은 그 기도를 들으시고 그를 남아프리카로 보내셨다. 처음에 그는 거기에서 런던선교회 소속으로 몇 년 간 일했고, 그 후에는 영국 정부가 파송한 베추아나랜드(Bechuanaland)의 원주민들을 위한 첫 번째 재류장관으로 일했다.

—제이 오 스트루더스(J. O. Struthers)

응답 받는 기도는 메마르고 죽은 것들의 영역에서 기도를 이끌어내어 생명과 능력이 있는 것으로 만든다. 일이 생기게 하고 일의 자연적인 성향을 바꾸며 하나님의 뜻에 따라 모든 일을 결정하는 것은 기도의 응답이다. 기도를 광신적 행위의 영역에서 이끌어내고 그것을 비현실적(utopian)이 되거나 단순히 공상적이 되는 것으로부터 구해내는 것은 기도의 응답이다. 기도를 하나님과 사람을 위한 능력으로 만들고, 또한 실제적이고 신령한 것으로 만드는 것은 기도에 대한 응답이다. 응답 받지 못하는 기도는 하나님과 사람 모두에게 불신, 기만과 폐, 그리고 무례를 조장한다.

기도에 대한 응답은 우리가 올바르게 기도했다고 하는 유일한 확증이다. 기도에는 진정 놀라운 능력이 있다! 기도는 진정 이 세상에서 많은 기적을 일으킨다! 기도는 기도하는 사람들에게 참으로 많은 유익을 보장해준다! 왜 보통의 기도가 하는 것은 응답을 구하는 일인가?

수많은 응답 받지 못하는 기도들은 하나님의 뜻이라는 말로 애매하게 해명하려고 하지 말아야 한다. 우리는 하나님의 주권적 능력의 조롱거리가 아니다. 하나님은 기도에 응답하시겠다는 놀라운 약속을 장난 삼아 이행하는 척

하지 않으신다. 우리는 그 모든 이유를 우리의 잘못된 기도에서 찾을 수 있다. 우리가 구하여도 받지 못하는 것은 우리가 "잘못 구하기" 때문이다(약 4:3). 만일 응답 받지 못한 기도를 모두 바다에 던져버린다면 바다를 거의 메우게 될 것이다.

하나님의 자녀여, 당신은 기도할 수 있는가? 당신은 응답 받는 기도자인가? 만일 그렇지 않다면, 왜 응답을 받지 못하는가? 응답 받는 기도는 당신이 참된 기도를 했다는 증거이다.

성경의 관점에서 볼 때, 기도의 효험은 오직 기도에 대한 응답에 있다. 기도의 유익은 "기도는 우주를 움직이는 팔을 움직인다"라는 말에 의해 충분히 그리고 널리 극대화되어 왔다.

기도에 대한 확실한 응답을 받는 것은 우리의 바람을 충족시키는 것에 대해서 중요할 뿐만 아니라 우리가 그리스도 안에 거하고 있다는 것에 대한 증거이다. 따라서 그것은 더 중요하게 된다. 기도의 단순한 행위는 하나님께 대한 우리의 관계를 시험하는 것이 되지 못한다. 기도의 행위는 아무런 성과도 얻지 못하는 죽은 행위가 될 수도 있다. 그것은 판에 박힌 일상적인 습관이 될 수도 있다.

그러나 기도를 한 후에 한 두 번이 아니라 매일 분명한 응답을 받는 것은 확실한 증거(test)이며, 우리가 예수 그리스도와 생명 관계를 맺고 있음을 나타내주는 은혜의 요점이다. 이것에 관한 주님의 말씀을 읽어 보라. "너희가 내 안에 거하고 내 말이 너희 안에 거하면 무엇이든지 원하는 대로 구하라 그리하면 이루리라"(요 15:7).

기도에 대한 응답은 하나님과 사람 모두에게 우리 기도의 매우 중요한 부분이다. 기도에 대한 직접적이고 분명한 응답은 하나님의 존재에 대한 증거이다. 그것은 하나님은 살아 계시다는 것을 증명하고, 자신의 피조물들에 관심을 가지고 계시고 또 그들이 기도로 자신에게 나아올 때 그들의 말에 귀를 기울이시는 지성적 존재(intelligent Being)로서의 하나님이 계시다는 것을 증명한다. 기도와 그 응답보다 하나님이 존재하신다는 것을 보여주는 더 분명하고 결정적인 증거는 없다. 엘리야는 이렇게 간구했다. "여호와여 내게 응답하옵소서 내게 응답하옵소서 이 백성에게 주 여호와는 하나님이신 것과 주는 그들의 마음을 되돌이키심을 알게 하옵소서"(왕상 18:37).

기도에 대한 응답은 하나님을 영화롭게 하는 기도의 일부이다. 응답 받지 못하는 기도는 기도하는 사람들을 어둠과 의심 그리고 당혹 속에 빠뜨리고 불신자를 전혀 설득시키지 못하는 무의미한 소리(oracle)이다. 기도에 효능을 주는 것은 기도의 행위나 태도가 아니다. 그렇게 하는 것은 하나님 앞에서 굽실거리며 자기 몸을 굴복시키는 것이거나 하나님께 열렬하게 또는 조용하게 말하는 것이거나 우리의 기도를 시적으로 아주 아름답게 표현하는 것이 아니다. 기도를 유효하게 만드는 것은 논증과 수사법을 적절히 섞어가면서 유창하게 기도하는 것이 아니다. 그것들 중 어떤 것도 하나님을 영화롭게 하는 것이 아니다. 하나님의 이름을 영화롭게 하는 것은 바로 기도에 대한 응답이다.

엘리야가 갈멜산 꼭대기에서 혼신의 힘을 다해 기도했을지라도, 만일 그가 응답을 받지 못했더라면 하나님께 영광이 가지 못했을 것이다. 베드로도 문을 닫고 도르가의 시신 옆에서 간절히 기도했을지라도, 만일 그가 응답을 받지 못했다면 하나님께 영광이 되지 못하고 사람에게도 유익이 되지 못했을 것이다. 오히려 의심과 어두운 그림자 그리고 낙담만 생겼을 것이다.

기도에 대한 응답은 우리가 하나님과 바른 관계를 맺고 있다는 것을 확실하게 보여주는 증거이다. 예수님은 나사로의 무덤에서 이렇게 말씀하셨다.

> 돌을 옮겨 놓으니 예수께서 눈을 들어 우러러보시고 이르시되 아버지여 내 말을 들으신 것을 감사하나이다 항상 내 말을 들으시는 줄을 내가 알았나이다 그러나 이 말씀 하옵는 것은 둘러선 무리를 위함이니 곧 아버지께서 나를 보내신 것을 그들로 믿게 하려 함이니이다.(요 11:41-42)

예수님의 기도에 대한 응답은 그분이 하나님으로부터 사명을 받았다는 것을 보여주는 증거였다. 엘리야의 기도에 대한 응답으로 어떤 여인의 아들이 다시 소생하게 되었던 것처럼 말이다. 그녀는 이렇게 말했다. "내가 이제야 당신은 하나님의 사람인 줄 아노라"(왕상 17:24). 그는 전능하신 하나님의 총애를 받고 그분께 가까이 나아가서 가장 많은 기도의 응답을 받은 탁월한 사람이었다.

기도는 한 가지 변하지 않는 법에 의해서, 심지어는 법 이상의 것인 인격적인 하나님의 뜻과 약속 그리고 임재에 의해서 하나님께 상달된다. 그 응답은 하나님의 모든 약속과 진리와 능력 그리고 사랑에 의해서 땅으로 돌아온다. 기도에 대한 응답에 관해 관심을 갖지 않는 것은 기도하지 않는 것이다. 기도 가운데는 참으로 낭비되는 기도가 있다! 아무런 응답을 받지도 못하고 응답을 바라지도 않으며 응답을 기대하지도 않는 채로 드려지는 기도가 참으로 많다!

우리는 하나님은 직접적으로 또는 객관적으로 응답하시지 않고 간접적으로 그리고 주관적으로 응답하신다고 그릇되고 자위적인 핑계를 대면서 그릇된 믿음을 키워왔고 기도에 대한 우리의 실패와 무능에 대한 부끄러움을 감추어왔다. 우리는 그 과정과 결과에 대해 완전히 인식하지 못한 채 주문을 외우듯 기도함으로 더 나아졌다고 우리 자신을 설득시켜 왔다.

하나님이 우리에게 직접적으로 응답하지 않으셨다는 것을 충분히 깨닫고는, 우리는 우리가 쉽사리 이해하기 어려운 방식으로 알려지지 않은 결과들을 사용하여 하나님이 무언가 우리에게 더 좋은 것을 주셨다고 기만적인 위안으로 우리 자신들을 위로해 왔다. 또는 그것을 우리에게 주시는 것은 하나님의 뜻이 아니라고 말함으로 우리의 영적 태만을 위로해 왔고 또 키워 왔다.

믿음은 기도하는 하나님의 사람들에게 기도에 응답하

시는 것이 그분의 뜻이라고 가르친다. 하나님은 모든 기도에 응답하시며 진정으로 기도하는 자신의 자녀들의 모든 기도에 응답하신다.

> 기도는 어두운 구름들을 물러가게 하고,
> 기도는 야곱이 본 사닥다리를 오르네.
> 기도는 믿음과 사랑에 실천을 제공하고,
> 기도는 위로부터 모든 축복을 가져오네.

성경은 언제나 기도에 대한 응답을 강조한다. 하나님으로부터 오는 모든 것은 기도에 대한 응답으로 주어진다. 하나님 자신, 그분의 임재, 그분의 은사 그리고 그분의 은혜는 모두 기도에 의해서 확보된다. 하나님이 사람들과 교통하시는 방법은 기도이다. 기도의 가장 실제적인 것, 즉 기도의 가장 본래적인 목적은 그것이 확보하는 응답이다. 기도할 때 단순히 말만 반복하는 것, 묵주를 세면서 읊조리는 것 그리고 마치 기도의 횟수에 효력 있는 공덕이 있는 것처럼 불필요한 의무적 행위로서 말만 많이 하는 것은 헛된 망상이고 공허한 것이며 아무짝에도 쓸모없는 일이다. 기도는 직접적으로 응답 받는 것을 기대한

다. 이것이 기도가 의도하는 것이다. 그것은 다른 것을 목적으로 삼지 않는다.

물론, 하나님과의 영적 교감은 기도 안에서 이루어진다. 성령님을 통한 우리 하나님과의 아름다운 교제가 있다. 우리는 즐겁고 풍부하고 강한 기도 안에서 하나님을 누린다. 내적 영혼 속에서 성령님의 은혜들은 기도에 의해서 키워지고 이 영적 실천에 의해 계속해서 생생한 상태로 유지되며 그것들의 성장이 촉진된다. 그러나 이러한 기도의 유익들 중 어느 것도 그 자체로서 기도의 본래적인 목적이 되지 못한다. 모든 선과 모든 은혜가 우리의 영혼과 몸 속으로 흘러 들어오게 하는 하나님이 정하신 통로는 기도이다.

> 기도는 하나님이 주시기로 계획하시는
> 축복들을 운반하도록 정해져 있다네.

기도는 현세적이고 영적인 모든 선을 우리에게 보내주시는 수단으로 하나님이 정하신 것이다. 기도는 그 자체가 목적이 아니다. 기도는 우리가 안주하기 위해서 무언가 행하는 것이 아니며, 우리가 이룩한 것으로서 무언가 자축할 수 있는 것이 아니다. 그것은 목적에 이르는 수단이다. 그것은 우리가 하는 것으로서 무언가 우리에게 되돌려 주는 것이며, 그것이 없다면 기도는 아무런 가치가 없다. 기도는 언제나 응답 받는 것을 목적으로 한다.

우리는 응답 받는 기도에 의해서 부유하고 강하게 되고, 선하고 거룩하게 되며, 관대하고 친절하게 된다. 우리에게 유익을 가져다 주는 것은 단순한 기도의 행위나 태도 또는 말이 아니라 하늘에서 직접 주시는 응답이다. 의식적이고 실제적인 기도 응답은 우리에게 실제적인 선을 가져다 준다. 이것은 단지 자신만을 위해서나 이기적인 목적만을 위해서 기도하는 것이 아니다. 이기적인 성격은 기도의 조건들이 충족될 때는 존재할 수 없다.

인간의 본성은 이 응답 받는 기도에 의해서 풍요롭게 된다. 응답 받는 기도는 우리로 하여금 하나님과 지속적이고 의식적인 교제를 갖도록 해주고, 감사의 마음을 일깨워주고 확대시켜 주며, 찬양의 가락과 고귀한 감화를 일으킨다. 응답 받는 기도는 우리의 기도에 있어서 하나님의 표시이다. 그것은 하늘과의 교류이며 보이지 않는 세계와 관계를 맺고 실현시킨다. 우리는 기도를 하고 하나님은 축복하심으로 교류하신다. 하나님은 구속의 피를 통해 우리의 기도를 들으시고, 그에 대한 응답으로 자기 자신을 주시고 임재하시며 은혜를 주신다.

모든 거룩한 태도들은 응답 받는 기도에 의해서 영향을 받는다. 기도에 대한 응답으로 모든 거룩한 원리들이 성숙하게 되며, 신앙과 사랑 그리고 희망은 응답 받는 기도에 의해서 풍성하게 된다. 참된 기도는 모두 응답을 받는다. 응답은 하나의 목적, 즉 표현된 소원으로 강하게 기도 안에 있으며, 그 기대와 실현은 기도에 기회를 제공하여 실현시킨다. 기도를 하게 만들고 그것의 참된 본질 속으로 들어가게 하는 것은 응답이라는 사실이다.

기도에 대한 응답을 구하지 않는 것은 기도에서 소원과 목적 그리고 심장을 빼내는 것이다. 그것은 기도를 그저 말 못하는 우상들에게나 적합한 죽어 지각없는 것으로 만든다. 기도를 성경의 영역으로 가져와서 성취된 소원과 추구 그리고 관심으로 만드는 것은 응답이다. 응답은 기도에 살과 피로 옷 입히고 기도를 기도되게 한다. 그리고 응답은 모든 참된 기도생활에 감동을 주며, 주고받고 또 구하고 응답하는 아버지로서의 모든 관계들을 풍성하게 한다.

하나님은 자신의 손안에 온갖 선을 다 가지고 계신다.

그 선은 오직 예수 그리스도의 구속의 공로로 인해 그분의 이름으로 그것을 구함으로 우리에게 온다. 그분을 통해서 말이다. 다른 모든 명령을 총망라하는 유일한 명령은 이것이다. "구하라…찾으라…두드리라"(마 7:7). 그리고 그에 대한 약속은 그 명령과 짝을 이루는 말씀이요 그것에 해당하는 말씀이자 그 결과이다. "그리하면 너희에게 주실 것이요…그리하면 찾아낼 것이요…그리하면 너희에게 열릴 것이니"(마 7:7). 하나님은 기도와 그것을 듣고 응답하는 것에 깊이 관여하시기에 그분의 모든 속성과 전 존재는 그 위대한 사실에 집중되어 있다. 그러한 사실은 하나님을 특별히 인정이 많으시고 대단히 선하시며 본성이 지닌 매력이 뛰어나신 분으로 구별되게 한다. "기도를 들으시는 주여 모든 육체가 주께 나아오리이다"(시 65:2).

> 오, 신실하신 주님, 주님의 자비는
> 흔들릴 수 없는 반석입니다.
> 수많은 약속들이 주님의 변함없는
> 사랑을 선포합니다.

하나님의 말씀은 기도의 응답에 대한 확신의 근거일 뿐

만 아니라 하나님의 모든 속성도 같은 목적을 꾀한다. 하나님은 신실하신 분이기 때문에 응당 기도에 응답하신다. 하나님의 지혜와 신실하심 그리고 선하심이 관여하고 있다. 하나님의 무한하고 변하지 않는 의는 어려움을 당할 때 그분을 부르는 사람들의 기도에 응답하신다는 확실한 토대가 된다. 정의와 자비는 기도에 대한 응답을 확보하기 위해 하나로 융합된다. 하나님의 참된 정의가 하나님이 죄를 용서하시고 죄의 오염에서 깨끗하게 해 주시겠다고 하신 굳센 약속에 대한 하나님의 신실하심에 의해서 작용하기 시작하고 또 견고하게 선다는 것은 의미심장하다. "만일 우리가 우리 죄를 자백하면 그는 미쁘시고 의로우사 우리 죄를 사하시며 우리를 모든 불의에서 깨끗하게 하실 것이요"(요일 1:9).

그 모든 권위가 하나님께 있는 하나님의 인간에 대한 왕으로서의 관계는 아버지로서의 관계와 연합하고 또 그 모든 긍휼과 연합하여 기도에 대한 응답을 확보한다.

우리 주 예수 그리스도는 기도에 응답하시겠다고 전적으로 약속하셨다. "너희가 내 이름으로 무엇을 구하든지 내가 행하리니 이는 아버지로 하여금 아들로 말미암아 영광을 받으시게 하려 함이라"(요 14:13). 기도에 대한 응답은 진정 확실하다! 그 응답이 아버지 하나님께 영광이 된다면 말이다. 더욱이 예수 그리스도는 하늘에 계신 아버지 하나님께 영광을 돌리기를 참으로 간절히 원하신다! 그분은 언제 어디서나 아버지 하나님께 영광을 돌리는 기도에 응답하시기를 그토록 간절히 원하신다! 예수님은 자신의 이름으로 하는 기도를 거절하거나 간과하지 않으신다. 우리 주 예수 그리스도는 우리의 믿음을 새로이 확언하시면서 이렇게 말씀하신다. "내 이름으로 무엇이든지 내게 구하면 내가 행하리라"(요 14:14). 그분은 그와 같이 한번 더 이렇게 말씀하신다. "너희가…무엇이든지 원하는 대로 구하라 그리하면 이루리라"(요 15:7).

내 영혼아, 와서 너의 구할 것을 준비하라.
예수님은 기도에 응답하기를 기뻐하신다.
예수님 스스로 너에게 기도하라고 명하시기에
결단코 마다하지 않으시리라.

기도에 대한 반응

인생의 가장 어두운 시기에 하나님의 도움 없이는 어찌할 수 없다고 고백하지 않을 수 없게 되었을 때, 나는 사람들 앞에서 하나님의 도우심을 고백할 것이라고 외딴 숲 속에서 홀로 다짐했다. 죽음과 같은 정적이 내 주변으로 찾아들었는데, 때는 한 밤중이었다. 나는 병으로 약해져 있었고 피로에 지쳐 있었으며 운명을 알 수 없는 동료들에 대한 걱정으로 진이 빠져 있었다. 이런 신체적이며 정신적인 고통을 겪으면서, 나는 하나님께 나의 동료들을 돌려 보내달라고 간구했다. 아홉 시간 후, 우리는 미친 듯이 기뻐하며 열광했다. 모든 사람의 시야에 반달모양의 짙은 다홍빛 깃발이 들어왔고, 펄럭이는 깃발 아래에는 오래 동안 행방이 묘연하던 후미 종대가 보였다.

-헨리 M. 스탠리(Henry M. Stanley)

우리가 기도할 때, 하나님은 자신의 말씀으로 우리에게 언질을 주신다. 하나님의 말씀은 기도의 기초이자 영감이며 심장이다. 예수 그리스도는 하나님 말씀의 예증으로서 그리고 약속뿐만 아니라 성취에서 그것의 무한한 선으로서 위치해 계신다. 하나님은 아무 것도 성의 없이 절반만 드리는 것을 받지 않으시며 아무 것도 성의 없이 절반만 주시지 않는다. 하나님이 우리의 전부를 취하실 때 우리도 그분의 전부를 취할 수 있다.

하나님의 약속의 말씀은 너무 광범위하고 포괄적이어서 우리의 이해력을 둔하게 하는 것처럼 보이고 우리의 기도를 마비시키는 것처럼 보인다. 이것은 우리가 그러한 광범위한 말들을 고려할 때, 그리고 하나님이 "무엇이든지"(whatever), "어떤 것이든지"(any thing), 그리고 포괄적인 말인 "무엇이든지 다"(whatsoever), "모든 것"(all things)에서와 같이 인간의 언어를 거의 다 사용하여 약속하실 때 나타난다. 자주 반복되는 이런 약속들은 아주 대단해서 우리를 어리둥절하게 하는 것처럼 보이고, 그것들이 우리를 움직여 묻고 시험하고 받아들이게 하는 대신에 우리는 경이로 가득한 채 아무 것도 얻지 못하고 빈손과 빈 마음으로 돌아선다.

기도에 관한 우리 주님의 가르침 속에 있는 다른 구절을 살펴보도록 보자.

> 그 날에는 너희가 아무 것도 내게 묻지 아니하리라 내가 진실로 진실로 너희에게 이르노니 너희가 무엇이든지 아버지께 구하는 것을 내 이름으로 주시리라 지금까지는 너희가 내 이름으로 아무 것도 구하지 아니하였으나 구하라 그리하면 받으리니 너희 기쁨이 충만하리라.(요 16:23-24)

예수님은 이 구절에서 두 번씩이나 응답을 언명하시는데, 자신의 아버지 하나님을 걸고 "아버지께서 구하는 것을 주시리라"고 맹세하시며, 감명 깊고도 가장 함축성 있게 반복하시면서 "구하라 그리하면 받으리니"라고 말씀하신다. 예수님은 매우 강하게 그리고 자주 기도에 대한 동기로서 그리고 기도의 필연적인 결과로서 응답을 언명하셨기에, 사도들도 기도가 응답될 것이라는 것은 온전히 그리고 확실하게 설정된 것이라고 생각했고 또 자신들의 주된 본분은 사람들에게 기도하도록 재촉하고 명하는 것이라고 생각했다. 그들은 주님이 정하신 것으로서의 기도의 법칙의 진실성에 관해 매우 확고하게 확립되어 있어서 기도에 대한 응답은 모든 참된 기도와 관련되어 있고 또 필연적으로 묶여 있다고 단언하게 되었다. 하나님 아버지와 그분의 아들 예수 그리스도는 말씀의 모든 진리와 충실한 성격을 근거로 기도에 응답하시겠다고 약속하셨다.

모든 약속들은 전능하신 하나님이 기도에 응답하신다는 것을 보증할 뿐만 아니라 응답은 구체적이며 우리가 기도하는 바로 그것을 받을 것이라고 우리에게 확신시켜 준다. 우리 주님의 변하지 않는 가르침은, 우리는 우리가 구하는 것을 받고 우리가 찾는 것을 얻으며 우리가 두드리는 문이 열릴 거라는 것이었다. 이것은 우리에게 주시는 하늘에 계신 우리 아버지의 교훈과 우리가 구하는 것을 우리에게 주시는 것에 따른 것이다. 하나님은 기도에 응답하지 않으심으로 우리를 실망시키지 않으실 것이며, 우리가 구하지 않은 것을 우리에게 주시거나 우리가 찾지 않은 것을 찾게 하시거나, 또는 우리가 두드리고 있지 않은 잘못된 문을 우리에게 열어주심으로 우리를 거부하지 않으실 것이다. 만일 우리가 빵을 구하면, 그분은 우리에게 빵을 주실 것이다. 만일 우리가 계란을 구하면, 그분은 우리에게 계란을 주실 것이다. 만일 우리가 생선을 구하면, 그분은 우리에게 생선을 주실 것이다. "빵과 같은 어떤 것"이 아니라 빵 자체를 우리에게 주실 것이다. "생선 같은 어떤 것"이 아니라 생선을 주실 것이다. 기도에 대한 응답으로 해로운 것을 주시지 않고 좋은 것을 주실 것이다.

이 세상의 부모들은 본성이 악해도 자기 자녀들이 구하는 것을 주며 그들이 울 때 반응한다. 이것은 우리로 하여금 기도하도록 격려한다. 이 경우에 아버지 개념은 이 세상의 아버지에서 하늘에 계신 우리 아버지로, 악한 아버지에서 선하신 아버지, 지극히 선하신 아버지로, 약한 아버지에서 전능하신 아버지, 즉 하늘에 계신 우리 아버지로 바뀌게 되는데, 그 아버지는 부성의 최고의 개념—가장 유능한 이 세상의 아버지보다 더 유능하고 더 준비가 되어 있고 가장 좋은 아버지보다 훨씬 더 좋고 그리고 훨씬 더 유능한 아버지—을 자신 안에 집중시킨다. "하물며"라고 누가 말할 수 있겠는가? 하나님 아버지는 이 세상의 우리 아버지들보다 훨씬 더 많이 우리의 모든 필요들을 공급해 주실 것이고 우리에게 모든 좋은 것들을 주실 것이며 우리로 하여금 모든 어려운 임무에 응할 수 있게 하고 모든 법(law)을 지킬 수 있게 하신다. 비록 육신으로는 감당하기 어렵다 하더라도, 하늘에 계신 우리 아버지가 인정 많고 무한한 도움을 충분하게 공급해 주심으로 쉽게 해주시는 것이다.

여기에서 우리는 기도에 있어서 끈기뿐만 아니라 영적 능력을 증가시키는데 필요한 의도와 노력의 발전적 단계들—구하기, 찾기, 두드리기—에 대한 필요의 암시 이상의 것을 가지고 있다. 여기에 단순히 말로 구하는 것으로부터 확고한 찾는 태도로의 상승 단계가 있는데, 찾는 것은 결국 단호하고 시끄럽게 부르짖고 활기찬 직접적인 기도의 노력으로 귀착한다.

하나님은 우리에게 항상, 어디서나 그리고 무엇이든지 기도하라고 명하셨듯이, 동일하게 항상, 어디서나 그리고 무엇이든지 응답하실 것이다. 하나님은 기도에 응답하시겠다고 분명하게 그리고 직접적으로 약속하셨다. 만일 우리가 기도의 조건들을 충족시킨다면, 응답은 반드시 오게 되어 있다. 자연의 법칙들이 바뀔 수 없고 변하지 않듯이 기도의 응답에 대한 약속도 마찬가지로 바뀔 수 없고 변하지 않는다. 자연의 조례들은 작용하지 않을지 모르지만, 은혜의 조례들은 결코 작용하지 않을 수 없다. 기도에 대한 응답을 방해할 수 있거나 방해하게 될 제한이나 불리한 조건이나 결함이나 무능력이란 없다. 우리가 기도할 때 우리를 위한 하나님의 행위에는 한계가 없으며, 하나님 자신 안에 있거나 어떤 특별한 경우의 특정한 환경들 안에 있는 단서들에 의해서 제한 받지 않는다. 만일 우리가 진정으로 기도하면, 하나님은 모든 것을 다스리시고 문제시하지 않으시며 모든 상황을 초월하신다.

하나님은 "너는 내게 부르짖으라 내가 네게 응답하겠고"(렘 33:3)라고 분명하게 말씀하신다. 하나님이 약속들을 성취하시는 점에서는 한계나 장애물이나 방해란 있을 수 없다. 하나님의 말씀에 관한 문제다. 그분의 말씀이 관련되어 있다. 하나님은 기도에 응답하시겠다고 진지하게 약속하신다. 인간은 응답을 기다리고 응답에 대한 기대에 의해 감동을 받으며 겸손한 담대함으로 응답을 요구해도 좋을 것이다. 거짓이 없으신 하나님(딛 1:2)은 꼭 응답하신다. 하나님은 참되게 기도하는 사람들의 기도에 응답하실 의무를 자발적으로 스스로에게 지우셨다.

> 하나님께 당신의 모든 소원을
> 즉시 기도로 아뢰어라. 항상 기도하라.
> 기도하되, 결코 약해지지 말라.

기도하라. 쉬지 말고 기도하라.

홀로 믿음으로 하나님께
가까이 나아가서 사귐을 가져라.
그분의 궁전에 다가가서 기도의 모든 능력으로
간구하여 그분의 보좌를 움직여라.

구약 시대 하나님의 선지자들과 하나님의 사람들은 하나님이 자신들에게 하신 약속을 성취하신다는 절대적인 확신이 있었기에 그들의 믿음이 흔들리지 않았다. 그들은 하나님의 말씀을 확실히 믿었고, 기도에 응답하시는 하나님의 신실성에 대해서든 그분의 자발성 또는 능력에 대해서든 아무 것도 의심하지 않았다. 그러므로 그들의 역사의 특징은 계속해서 간구하고 하나님의 손에 의해 계속해서 받는 것이었다.

초대 교회도 마찬가지였다. 그들은 자신들의 주님이신 예수님이 그토록 자주 기도의 응답은 확실하다고 확언하신 가르침을 의심하지 않고 받아들였다. 기도에 대한 응답의 확실성은 하나님의 말씀이 참된 것처럼 확고하다. 이 믿음을 실천에 옮긴 제자들은 성령의 부어 주심을 알렸다. 예수님이 그들에게 "너희는 위로부터 능력으로 입혀질 때까지 이 성에 머물라"(눅 24:49)고 말씀하셨을 때, 그들은 만일 자신들이 그 명령에 순종한다면, 분명 하나님의 능력을 받을 것이라는 확실한 약속으로서 그것을 받아들였다. 그래서 그들은 열흘 동안 기도하면서 다락방에 머물렀고, 그 약속은 성취되었다. 예수님이 약속하신 그대로 응답되었다.

베드로와 요한이 성전 미문에 앉아 있던 사람을 고쳐준 것으로 인해 체포되었을 때, 그들은 예루살렘의 통치자들에 의해 위협을 받은 후 풀려났다. "사도들이 놓이매 그 동료에게 가서"(행 4:23). 그들은 자신들과 잘 맞는 사람들, 즉 같은 마음을 가진 사람들에게 갔지 세상 사람들에게 가지 않았다. 그들은 여전히 기도와 그 효력을 믿었기에 자신들을 바쳐 기도했는데, 그 기도는 사도행전 4장에 기록되어 있다. 그들은 주님께 몇 가지 사항을 아뢰었다.

> (그들이) 빌기를 다하매 모인 곳이 진동하더니 무리가 다 성령이 충만하여 담대히 하나님의 말씀을 전하니라.(행 4:31)

그들은 이 특별한 때에 성령의 충만함을 받았다. 기도에 대한 응답은 그들의 믿음과 기도에 대한 반응이었다. 성령의 충만은 언제나 담대함을 가져다 준다. 주님을 위협하는 적들 앞에서 두려움을 없애는 방법은 성령으로 충만하게 되는 것이다. 이것은 주님의 말씀을 담대하게 말할 수 있는 능력을 준다. 용기를 주고 두려움을 몰아낸다.

응답 받는 기도

한 젊은이가 해외 선교지로 부르심을 받았다. 그는 설교를 해오지는 않았지만 한 가지 일, 즉 하나님의 마음을 움직이는 법을 알고 있었다. 어느 날, 그는 친구를 찾아가서 이렇게 말했다. "하나님이 선교지에서 나를 어떻게 사용하실 수 있을지 잘 모르겠네. 내게는 특별한 재능이 없어서 말이야." 그 친구는 이렇게 말했다. "형제여, 하나님은 현지에서 기도할 수 있는 사람들을 원하고 계신다네. 오늘날 설교하는 사람들은 아주 많지만 기도하는 사람들은 너무 적다네." 그리고 나서 그 젊은이는 떠났다. (몇 달 후,) 어느 이른 새벽 영혼들을 위해 울며 간구하는 소리가 들렸다. 그날 하루 종일, 문이 닫혀 있었고 그 방 옆을 지나가려면 가만가만 걸어야 할 만큼 고요함이 방안 가득 퍼져 있었다. 한 영혼이 거기서 하나님과 씨름하고 있었기 때문이다. 머지않아 굶주린 영혼들이 어떤 저항할 수 없는 힘에 이끌려 그 집으로 모여들었다. 아, 비밀이 밝혀졌다! 그 은밀한 방에서 그는 잃어버린 영혼들을 위해 간구했고 요청했다. 성령은 그들이 어디에 있는지 정확히 알고 계셨고 그들을 보내주셨다.

- J. 허드슨 테일러(J. Hudson Taylor)

우리는 그것을 맨 앞에다 내어 놓는다. 우리는 하나님이 기도를 들으시고 응답하신다는 것을 결코 내려오거나 접히지 않을 깃발 위에 펼친다. 하나님은 언제나 기도를 들으시고 응답하셨다. 그리고 앞으로도 영원토록 기도를 들으시고 응답하실 것이다. 하나님은 어제나 오늘이나 영원토록 동일하시며, 영원토록 송축 받으시고 경배를 받으시기에 합당하시다. 아멘. 하나님은 변하지 않으신다. 그분은 항상 기도에 응답하신 것처럼 앞으로도 계속해서 그렇게 하실 것이다!

기도에 응답하시는 것은 하나님의 보편적인 법칙이다. 기도에 응답하시는 것은 그분의 변함없고 철회할 수 없는 약속이다. 기도에 응답하시는 것은 그분의 바뀔 수 없고 구체적이며 어길 수 없는 약속이다. 성경에서 기도를 거부하시는 극소수의 경우들은 일반적인 법칙에 대한 예외들이며, 그것들의 근소함과 예외 그리고 강조를 보면 함축적이며 놀랄만하다.

그러므로 기도의 가능성들은, 하나님은 진정으로 기도하는 모든 참된 영혼의 모든 기도에 응답하신다는 위대한 진리에 근거하고 있으며, 그 범위는 무한하고 그 깊이는 헤아릴 수 없으며 그 넉넉함은 다함이 없다. 하나님의 말씀은 "내게 부르짖으라 그리하면 너는 거절당하는 법을 아는 행복한 기술을 배우게 될 것이다. 구하라 그리하면 너는 아무 것도 받지 못함으로 소중한 인내심을 배우게 될 것이다"라고 말하지 않는다. 그것과는 거리가 멀다. 오히려 그것은 확실하고 분명하며 단호하다. "구하라 그리하면 너희에게 주실 것이요"(마 7:7).

우리는 구약에서 그러한 경우를 보게 된다.

> 야베스가 이스라엘 하나님께 아뢰어 이르되 주께서 내게 복을 주시려거든 나의 지역을 넓히시고 주의 손으로 나를 도우사 나로 환난을 벗어나 내게 근심이 없게 하옵소서 하였더니 하나님이 그가 구하는 것을 허락하셨더라.(대상 4:10)

그리고 하나님은 곧 그가 구한 것들을 들어주셨다.

한나는 아들이 없어 영혼에 고통을 당함으로 아들을 간절히 바라던 중에 기도의 집으로 들어가서 기도했다. 다음은 그녀가 받은 직접적인 기도 응답에 대해 기록한 것이다. "이 아이를 위하여 내가 기도하였더니 내가 구하여 기도한 바를 여호와께서 내게 허락하신지라"(삼상 1:27).

하나님의 약속과 목적은 구하는 것을 주신다는 사실을 직접적으로 나타낸다. 우리의 기도에 대한 응답은 성경에 계속해서 나타나는 동기로서 우리로 하여금 기도하도록 격려하며 이 영적 실천을 하도록 자극한다. 다음에 나오는 강하고 분명한 성구들을 읽어라.

> 너는 내게 부르짖으라 내가 네게 응답하겠고 네가 알지 못하는 크고 은밀한 일을 네게 보이리라.(렘 33:3)

> 그가 내게 간구하리니 내가 그에게 응답하리라.(시 91:15)

> 구하라 그리하면 너희에게 주실 것이요 찾으라 그리하면 찾아낼 것이요 문을 두드리라 그리하면 너희에게 열릴 것이니.(마 7:7)

이것이 예수 그리스도가 가르치신 기도의 법칙이다. 예수님은 "구하라 그리하면 너희에게 무언가 주실 것이다"라거나 "구하라 그리하면 경건하게 되는 훈련을 받을 것이다"라고 말씀하지 않으셨다. 그와는 달리, 너희가 구할 때 구하는 바로 그것을 주실 것이라고 말씀하셨다. 그분은 "두드리라 그리하면 어떤 문이 열릴 것이다"라고 말씀하지 않으셨다. 그 대신에 너희가 두드리고 있는 바로 그 문이 열릴 것이라고 말씀하셨다. 이것을 이중으로 확실하게 하기 위해서 예수 그리스도는 응답에 대한 약속을 되풀이하여 말씀하셨다. "구하는 이마다 받을 것이요 찾는 이는 찾아낼 것이요 두드리는 이에게는 열릴 것이니라"(마 7:8).

응답 받는 기도는 사랑의 샘이자 기도에 대한 직접적인 격려이다.

> 여호와께서 내 음성과 내 간구를 들으시므로 내가 그를 사랑하는도다 그의 귀를 내게 기울이셨으므로 내가 평생에 기도하리로다.(시 116:1-2)

하나님 아버지가 주신다는 것은 하나님 아버지의 관계에 의해서 그리고 하나님 아버지의 능력과 선하심에 의해서 확실하게 보장된다. 이 세상의 부모들은 연약하고 노쇠하고 선하심과 능력에 한계가 있어도 자녀들이 구하고 찾을 때 준다. 부모의 마음은 먹을 것을 달라고 울 때 즉

각 반응한다. 아이의 배고픔이 아버지의 마음을 움직이고 또 얻는다. 그와 같이 하늘에 계신 우리 아버지이신 하나님도 이 세상의 아버지와 마찬가지로 우리의 기도에 의해서 쉽게 그리고 강하게 움직이신다.

> 너희가 악한 자라도 좋은 것으로 자식에게 줄 줄 알거든 하물며 하늘에 계신 너희 아버지께서 구하는 자에게 좋은 것으로 주시지 않겠느냐.(마 7:11)

"하물며"라는 말은 하나님의 선하심과 다정함 그리고 능력이 인간의 그것을 능가한다는 것을 말한다.

구하는 것이 구체적인 것처럼 응답 또한 구체적이다. 자녀들은 어떤 것을 구하고는 그것과 상관없는 다른 것을 받지 않는다. 떡을 구하고는 돌을 받지 않는다. 생선을 구하고는 뱀을 받지 않는다. 예수 그리스도는 구체적으로 구하라고 명하신다. 그분은 구체적으로 구하는 기도에 구체적으로 주심으로 응답하신다.

그 밖의 다른 것이 아닌 구한 바로 그것을 주시는 것이 그리스도가 가르치신 기도의 기본 법칙이다. 그분은 결코 맹인들이 치유를 위해 기도할 때 귀먹은 사람들을 고치심으로 응답하지 않으셨다. 그분은 구하는 바로 그것을 주신다. 이것에 대한 예외도 이 위대한 기도의 법칙을 뒷받침한다. 떡을 구하는 사람은 떡을 받는다. 돌을 받지 않는다. 만일 생선을 구하면 생선을 받는다. 뱀을 받지 않는다.

먹을 것을 달라고 울어대는 어린아이의 울음소리보다 더 간절하고 강력한 울음소리는 없다. 배고픔을 채우고자 하는 간절한 바람, 식욕을 느끼는 것 그리고 필요의 충족, 이 모든 것은 어린아이의 울부짖음을 야기하고 재촉한다. 우리의 기도는 굶주린 자녀들이 떡을 달라고 울부짖는 것처럼 진지하고 궁핍(needy)하며 간절해야 한다. 그리스도가 가르치신 기도의 법칙과 하나님의 부성에 대한 그분의 가르침에 따르면, 우리의 기도는 단순하고 꾸밈없고 직접적이며 구체적이어야 한다.

기도의 법칙에 대한 실례와 시행은 기도에 대한 구체적인 응답들에서 발견된다. 겉보기에는 겟세마네만 유일한 예외인 것 같다. 어둠과 지옥의 그 무시무시한 순간에 예수 그리스도는 이런 말로 기도할 수 밖에 없었다. "내 아버지여 만일 할 만하시거든 이 잔을 내게서 지나가게 하옵소서"(마 26:39). 그러나 그러한 우리 주님의 기도 너머에는 자발적으로 고통을 겪으시는 하나님의 산 제물이신 그분의 영혼과 생명이 담긴 기도가 있었다. "그러나 나의 원대로 마시옵고 아버지의 원대로 하옵소서"(마 26:39). 기도는 응답이 되었고 천사가 내려왔으며 힘을 얻었다. 그리하여 온유한 고난의 종 예수 그리스도는 묵묵히 쓴잔을 마셨다.

성경에는 우리 주님의 겟세마네 기도에 더하여 응답 받지 못한 기도의 예가 두 번 더 기록되어 있다. 첫 번째는 자신의 어린아이의 생명을 위한 다윗의 기도인데, 그러나 전능하신 하나님께 합당한 이유가 있었기 때문에 그의 간구는 응답되지 않았다. 두 번째는 육체의 가시를 제거해 달라는 바울의 기도인데, 그러나 그 기도도 응답되지 않았다. 하지만 우리는 하나님의 말씀에 기록되어 있는 선지자들과 제사장들, 사도들과 성도들의 역사에서 설명되고 있듯이 이것들은 하나님의 법칙에 대한 예외들로서 주목할만한 것이라고 믿어야 한다. 하나님으로 하여금 자신의 확정되고 고정된 법칙인 구한 것을 주신다는 법칙을 바꾸시게 한 데는 분명 그럴만한 드러나지 않은 이유들이 반드시 있을 것이다.

우리 주님은 수로보니게 여인의 믿음을 시험하고 성숙하게 하시기 위해 그녀를 응답 받지 못하는 기도 학교에

붙잡아 두지 않으셨다. 그분은 그녀의 남편을 고치거나 구함으로써 그녀의 기도에 응답하지 않으셨다. 그녀는 자신의 딸을 고쳐달라고 간구했고, 예수님은 그 딸을 고쳐주셨다. 그녀는 주 예수 그리스도께 구했던 바로 그것을 받았다. 우리 주님이 그녀의 믿음을 훈련시키고 온전하게 하신 것은 응답 받는 기도 학교에서였고, 그것은 그녀의 기도에 구체적으로 응답하심으로 이루어졌다. 그녀의 기도는 자신의 딸에 집중되어 있었다. 그녀는 한 가지 일, 즉 자신의 딸을 고쳐달라고 기도했다. 그리고 우리 주님의 응답도 그녀의 딸에 맞추어져 있었다(막 7:25-30을 보라).

요컨대 우리는 하나님의 크고 귀한 약속들 위를 아주 조심스럽게 걸어가면서도 너무나 자주 그것들을 완전히 무시한다. 약속은 우리가 하나님께 구할 때 우리 믿음이 의거하는 토대이다. 이것이 기도의 한 가지 기초이다. 우리는 하나님의 능력을 제한한다. 우리는 기도에 응답하시는 하나님의 능력과 자발성을 인간의 기준에 근거하여 측정한다. 우리는 이스라엘의 거룩하신 분을 제한한다.

야고보서 5장에서 우리에게 주신 약속들은 참으로 고통을 당하는 인류를 위한 인자하심과 치유로 가득 차 있다! 그 약속들은 기도 안에서 하나님을 참으로 개인적이며 친밀하게 만든다! 그것들은 우리의 믿음에 대한 직접적인 도전이다. 그것들은 우리가 하나님께 간구하는 모든 것에 대해서 큰 기대를 갖도록 고무한다. 기도는 직접적인 방식으로 하나님을 감동시키며, 그분을 감동시킬 때 그것의 목표와 목적을 가지고 있다. 기도는 하나님을 붙잡고 그분의 마음을 움직여 우리를 위한 큰 일—개인적인 것이든 상대적인 것이든, 현세적인 것이든 영적인 것이든, 땅에 속한 것이든 하늘에 속한 것이든—을 행하시도록 한다.

기도 응답에 대한 성경의 약속들과 기도의 실제 결과들 사이의 큰 간극은 거의 말로 표현할 수 없을 만큼 대단해서 그것은 불신앙을 야기하는 원인이 될 정도이다. 그것은 커다란 도덕적 힘으로서의 기도에 대한 불신을 낳으며 기도의 효험에 관해 의구심을 갖게 한다.

오늘날 기독교는 무엇보다도 기도로 하나님을 시험하고 그분의 약속들을 입증할 수 있는 사람들을 필요로 한다. 그들은 오늘날 교회에 필요한 사람들이다. 각 시대에 필요한 사람들은 교육을 많이 받은 사람들이 아니다. 더 많은 돈이 필요한 것도 아니다. 더 많은 기구나 더 많은 조직이나 더 많은 교회법이 필요한 것이 아니라, 기도하는 법을 알고 또 기도로 하나님을 움직여 땅의 일들을 강하게 붙잡으시도록 하고 생명과 능력을 교회 안으로 그리고 교회의 모든 조직 안으로 불어넣으시도록 할 수 있는 사람들이 필요하다!

교회와 세상은 많은 양의 기도와 적은 수의 응답 사이의 이 넓은 간극을 메울 수 있는 성도들을 무척이나 필요로 한다. 하나님을 시험할 수 있을 만큼 충분히 담대하고 충분히 원대한 믿음을 가진 사람들을 필요로 한다. 말라기 시대에 "만군의 여호와가 이르노라…그것으로 나를 시험하여…보라"(말 3:10)고 외치시는 말씀이 들려온 것처럼, 오늘날에도 동일한 말씀이 하늘로부터 교인들에게 들려온다. 하나님은 자신의 백성이 기도로 자신을 시험하기를 기다리고 계시며, 자신의 약속들이 시험받는 것을 무척이나 기뻐하신다. 자신의 약속이 신뢰할 수 있는 것임을 입증하기 위해서 기도에 응답하시는 것이 하나님의 가장 큰 즐거움이다. 이것이 이루어지기 전에는 하나님께 가치가 있는 어떤 것도, 사람들에게 큰 가치가 있는 어떤 것도 이루어지지 않을 것이다.

우리의 복음은 기적적인 것에 속한다. 그것은 초자연적인(miraculous) 수준에서 계획되었다. (그런 이유로) 그것은 오직 초자연적인 것에 의해서만 지켜질 수 있다. 우리의 거룩한 종교에서 초자연적인 것을 빼내어버리면, 그것의 생명과 능력은 사라져 버리고, 그것은 단순한 도덕률로 전락하고 만다. 기적적인 것은 신적 능력이다. 기도는 자체 안에 그 동일한 능력을 지니고 있다. 기도는 그 신적 능력을 인간에게 가져다주고 그것을 작용하게 한다. 기도는 지상의 일에 초자연적인 요소를 가져다 준다. 우리의 복음은 참되게 제시될 때 하나님의 능력이 된다.

교회는 그 무엇보다도 전능하신 하나님을 시험하고 또 시험할 수 있는 사람들이 필요하다. 교회가 어디에서나 하나님의 초자연적인 능력에 대한 기억들과 기도의 응답에 대한 기억들 그리고 성취된 약속들에 대한 기억들을 떠올릴 수 있는 사람들을 오늘날보다 더 필요로 한 적은 없다. 이것들은 복음의 성공을 위한 어떠한 현대적인 기획이나 현재의 계획보다 영혼들의 원수와 하나님의 적 그리고 교회의 적수를 침묵시키는데 더 많은 일을 할 것이다. 기도하는 사람들에 의해 떠올려진 그러한 기억들은 하나님의 적들을 말문이 막힐 정도로 깜짝 놀라게 하고 약한 성도들을 강하게 하며 강한 성도들에게는 승리의 기쁨으로 가득 차게 할 것이다.

불신을 일으키는 가장 큰 원인과 기도를 저버리고 방해하는 것 그리고 하나님의 존재와 영광을 가장 효과적으로 가리는 것은 응답 받지 못하는 기도이다. 응답을 확보하지 못하고 하나님께 영광을 돌리지 못하며 사람에게 유익을 주지 못하는 죽은 형식으로 기도하느니 차라리 기도하지 않는 것이 더 낫다. 이러한 종류의 응답 받지 못하는 기도 없는 기도보다 사람의 마음을 완고하게 하고 또 우리로 하여금 보이지 않는 세계와 영원한 것을 보지 못하게 하는 것은 아무 것도 없다!

기도의 기적들

중부 철도국의 기관사인 조지 벤필드(George Benfield)는 어느 날, 발판 위에 서서 정지해 있던 기차의 엔진에 기름을 넣다가 그만 발이 미끄러져 철로 사이로 떨어지고 말았다. 그때 그는 특급 열차가 오고 있는 소리를 들었고, 돌진해 오는 기차를 피할 수 있는 시간이 충분치 않았다. 그래서 그냥 거기에 곧바로 납작 엎드릴 수 밖에 없었고, 다행히 그는 한군데도 다친 곳이 없이 무사했다. 한밤중에 집으로 돌아와 2층으로 올라가다가, 여덟 살 난 그의 딸이 흐느껴 우는 소리를 들었다. 그 아이는 "아빠. 문득 누군가 내게 와서는 아빠가 죽게 될 거라고 말하는 것 같은 생각이 들었어요. 그래서 침대에서 벌떡 일어나 아빠를 살려 달라고 하나님께 기도했어요"라고 말하는 것이었다. 그것은 단지 꿈에 불과했나? 우연의 일치였나? 조지 벤필드와 다른 사람들은, 그가 살게 된 것은 바로 그 기도 때문이라고 믿었다.

－딘 홀(Dean Hole)

우리 주 예수 그리스도의 지상 사역은 그분의 영원한 삶 가운데 있는 단순한 에피소드나 막간극이 아니었다. 지상에서의 그분의 존재와 행위는 비정상적이거나 일탈하는 것이 아니라 그분의 특성을 나타내는 것이었다. 과거 지상에서 그분의 존재와 행위는 현재 하늘에서의 그분의 존재와 행위에 대한 묘사이자 실례이다. 그분은 "어제나 오늘이나 영원토록 동일하시"다(히 13:8). 이 말씀은 그분의 성품의 영원한 통일성과 불변성에 대한 신적인 요약이다. 예수님의 지상 생활은 주로 기도를 들으시고 응답하시는 것으로 이루어졌다. 그분의 천상 생활은 동일한 신적 사역에 바쳐진다. 구약은 진정 하나님이 기도를 들으시고 응답하시는 것에 대한 기록이다. 모든 성경은 주로 매우 중요한 이 주제를 다룬다.

그리스도의 기적들은 구체적인 교훈을 주는 실물 교수이다. 그것들은 살아 있는 그림들이다. 그것들은 우리에게 말을 건다. 그것들은 우리를 붙잡는 손을 가지고 있다. 그 기적들은 우리에게 많은 귀중한 교훈들을 가르쳐 준다. 그것들은 다양하여 새롭게 한다. 그것들은 예수 그리스도의 비길 데 없는 능력을 우리에게 보여주며, 동시에 고통 당하는 인류를 위한 그분의 놀라운 긍휼을 우리에게 알려준다. 그 기적들은 자신의 행위를 끊임없이 다양화할 수 있는 주님의 능력을 우리에게 드러내 보여준다.

사람과 함께 일하실 때 하나님이 사용하시는 방법은 모든 경우에 항상 동일한 것은 아니다. 하나님은 판에 박힌 듯이 자신의 은혜를 베풀지 않으신다. 하나님의 활동에는 무한한 다양성이 있다. 그분의 행위에는 놀라울 만큼의 다양성이 있다. 하나님은 자신의 피조물을 동일한 방식으로 빚어 만들지 않으신다. 마찬가지로, 우리 주님은 자신의 일을 행하실 때 제한을 받지 않으시며 형식에 의해서도 방해를 받지 않으신다. 하나님은 독립적으로 일하신다. 하나님은 스스로 고안하시는 분이며 무한한 다양성을 가지고 자신의 양식을 갖추신다.

우리 주님이 행하신 기적들을 살펴보면, 우리는 아주 많은 기적들이 무조건적으로 행해졌음을 알게 된다. 기록된 하나님의 말씀이 보여주는 한에서, 적어도 그것들을 동반하는 조건들은 없었다. 그렇게 하라는 요구를 받아서가 아니라 예수님 자신이 원하여 하나님께 영광을 돌리고 또 주님 자신의 영광과 능력을 나타내기 위해서 그러한 기적들이 행해졌다. 주님이 행하신 놀라운 일들 중 많은 것들이 자신의 능력을 요청 받았기 때문만이 아니라 자신의 긍휼에 따라 그리고 사람들의 고통과 필요에 응하여 행해졌다.

그 중 많은 것들이 기도의 응답으로 그분에 의해 행해졌다. 어떤 것들은 고난을 당하는 사람들의 개인적인 기도에 대한 응답으로 행해졌다. 또 어떤 것들은 고난을 당하는 사람들의 친구들의 기도에 대한 응답으로 행해졌다. 기도의 응답으로 행해진 그 기적들은 기도를 사용하는데 매우 교훈적이다.

이러한 조건에 근거한 기적들에는 믿음이 우선적이며, 기도는 믿음의 집행자이다. 우리는 그리스도께서 나사렛을 방문했던 사건에서 그분의 능력이 발휘되는 조건으로서, 또는 그 능력이 흘러가는 통로로서의 믿음의 중요성에 대한 실례를 가지고 있다. 다음의 말씀은 그 사례를 기록한 것이다. "거기서는 아무 권능도 행하실 수 없어 다만 소수의 병자에게 안수하여 고치실뿐이었고 그들이 믿지 않음을 이상히 여기셨더라 이에 모든 촌에 두루 다니시며 가르치시더라"(막 6:5-6).

나사렛 사람들은 우리 주님이 그들의 죽은 자를 일으켜 세우거나 눈먼 자의 눈을 뜨게 하거나 한센병 환자를 고쳐주시기를 위해 기도했을 것이다. 그러나 그 모든 것이 아무런 쓸모가 없었다. 아무리 많은 것을 수행한다 하더라도, 믿음이 없으면 하나님의 능력이 발휘되는 것을 제한하고 그리스도의 팔을 마비시키며 생명의 모든 신호들을 죽음으로 돌린다. 불신은 전능하신 하나님이 놀라운 일들을 행하실 때 그분을 심각하게 방해하는 유일한 것이다. 마태는 그 나사렛 방문에 대해 이렇게 기록하고 있다. "그들이 믿지 않음으로 말미암아 거기서 많은 능력을 행하지 아니하시니라"(마 13:58). 믿음의 결여는 전능하신 하나님이 사람들 가운데서 역사하실 때 그분의 팔을 묶어버린다. 그리스도께 대한 기도는 언제나 믿음에 기초하고 믿음이 뒷받침되어야 하며 믿음으로 충만해야 한다.

우리 주님이 지상 사역을 하실 때 행하신 기적 중의 기적인 죽은 자들로부터 나사로를 소생시키신 일은 기도와 더불어 이루어졌다는 점에서 특기할 만하다. 그것은 진정 기도의 문제였는데, 바알의 선지자들과 엘리야 사이의 문제와 같은 것이었다. 그것은 도움을 구하는 기도가 아니었다. 그것은 감사의 기도였고 아주 확신 있는 기도였다. 다음은 그것에 관한 말씀이다.

예수께서 눈을 들어 우러러보시고 이르시되 아버지여

내 말을 들으신 것을 감사하나이다 항상 내 말을 들으시는 줄을 내가 알았나이다 그러나 이 말씀 하옵는 것은 둘러선 무리를 위함이니 곧 아버지께서 나를 보내신 것을 그들로 믿게 하려 함이니이다.(요 11:41-42)

그것은 주로 그곳에 있던 사람들의 유익을 위한 기도로서 그들이 하나님께서 그분의 기도에 응답하심으로 그분과 함께 하신다는 것을 알고 또 그들의 마음속에서 하나님을 믿는 믿음이 발하도록 하기 위한 기도였다.

응답 받는 기도는 때때로 가장 설득력이 있고 또 믿음을 낳는 힘이다. 응답 받지 못하는 기도는 믿음의 분위기를 깨고 그 토양을 얼어붙게 한다. 만일 그리스도인들이 자신들의 기도에 대한 응답, 즉 하나님으로부터 분명하고 즉각적이며 아주 명백한 응답을 받을 수 있을 정도로 기도하는 법을 알았다면, 믿음은 더 널리 전파되었을 것이고 더 보편적이 되었을 것이고 더 심오해졌을 것이며 세상에서 훨씬 더 강력한 힘이 되었을 것이다.

백부장의 종을 고치신 기적은 우리에게 믿음과 중보 기도에 대한 참으로 귀한 교훈을 제공해 준다! 그 로마 장교의 믿음의 힘과 단순성은 현저하다. 왜냐하면 그는 우리 주님이 자신의 요청을 들어주기 위해서 굳이 자기 집에까지 직접 오실 필요가 없다고 믿었기 때문이다. "다만 말씀으로만 하옵소서 그러면 내 하인이 낫겠사옵나이다"(마 8:8). 그리고 우리 주님은 다음과 같이 말씀하심으로 그 사람의 믿음을 칭찬하셨다. "내가 진실로 너희에게 이르노니 이스라엘 중 아무에게서도 이만한 믿음을 보지 못하였노라"(마 8:10). 그 사람의 기도는 그의 강한 믿음의 표현이었고, 그러한 믿음은 즉각적으로 응답을 가져왔다.

우리는 귀신이 들린 자기 딸을 고치기 위해서 주님께 갔던 수로보니게 여인의 사례에서도 동일하게 기도의 기적에 대한 아주 값진 교훈을 얻게 되는데, 그녀는 다음과 같이 간구하면서 자기 딸의 문제를 자신의 문제로 만들었다. "주여 저를 도우소서"(마 15:25). 이것은 끈덕짐, 매달림, 자기 문제를 밀고 나가는 것 그리고 자기 요청이 묵과되거나 거절당하기를 거부하는 것이었다. 이것은 중보 기도와 그 효력에 대한 현저한 사례이다. 우리 주님은 겉으로 보기에는 잠시 그녀를 가까이 오지 못하게 하는 것처럼 보였지만, 마침내 그녀의 간구에 승복하고 그녀의 강한 믿음을 승인해 주셨다. "여자여 네 믿음이 크도다 네 소원대로 되리라"(마 15:28). 이것은 다른 사람들을 위한 중보 기도와 그 큰 효험에 관한 정말로 놀라운 교훈이다!

고난을 당한 사람들이 자신들을 위해 기도했던 개인적인 사례들은 고난 당하는 사람들의 부르짖음에 대한 응답으로 우리 주님이 성취하신 놀라운 일들을 설명해주는 실례들로 들 수 있을 것이다. 우리가 복음서 저자들의 기록을 읽어갈 때, 각 페이지들은 기도에 대한 응답으로 우리 주님이 행하신 기적들에 대한 기록들로 뚜렷하게 빛나며, 하나님이 정하신 이 은혜의 수단을 사용함으로 성취된 놀라운 일들을 보여준다.

구약 시대로 돌아가 보면, 그 때에도 기도의 기적에 대한 예가 많이 있음을 보게 된다. 그 당시의 성도들은 하나님의 마음을 움직여 위대한 일을 하시게 하는 기도의 능력을 잘 알고 있었다. 기도하는 사람들이 전능하신 하나님께 호소할 때 자연법칙도 그분의 길을 방해하지 못했다. 이스라엘 자손들이 하나님을 섬길 수 있도록 바로로 하여금 그들을 가게 하려고 애쓰면서 재앙들이 연달아 애굽을 덮치게 하던 모세에 대한 기록은 참으로 놀라운 기록이다! 그 재앙들이 계속해서 엄습하자, 바로는 모세에게 "너희의 하나님 여호와께 구하여 이 죽음만은 내게서 떠나게 하라"(출 10:17)고 간청했다.

재앙들 자체가 기적들이었으므로, 기도는 전능하신 하나님이 그것들을 보내시자마자 곧바로 물러가게 했다. 하나님의 종 모세의 기도는 애굽에 그 파멸적인 재앙을 내렸던 동일한 손을 움직여 그 재앙들을 물러가게 했다. 기도의 응답으로 재앙들을 물러가게 한 것은 처음에 재앙들을 보낼 때처럼 하나님의 능력을 현저하게 나타내는 것이었다. 기도의 응답으로 재앙들을 물러가게 한 것은 재앙들 자체들이 그랬던 것처럼 하나님의 존재와 그분의 능력을 나타내는 것이었다. 그것들은 기도의 기적들이었다.

구약 시대에도 도처에서 우리는 이러한 기도의 기적들을 보게 된다. 기도하는 하나님의 종들은, 기도는 놀라운 결과들을 낳는다는 것과 지상의 일에 초자연적인 능력을 가져온다는 것을 조금도 의심하지 않았다. 기적과 기도는 함께 갔다. 그것들은 동반자들이었다. 하나는 원인이었고, 다른 하나는 결과였다. 하나는 다른 하나를 존재하게 했다. 기적은 하나님이 기도를 들으시고 응답하셨다는 증거였다. 기적은 하늘에 계신 하나님이 이 땅의 일에 개입하시고 사람들을 돕기 위해 간섭하시며 필요한 경우에는 기도에 대한 응답으로 자신의 목적들을 성취하기 위해 초자연적으로 일하셨음을 보여주는 하나님의 실례이다.

초대교회 시대로 가보면, 거기에서도 우리는 기도의 기적들에 대한 동일한 하나님의 기록을 보게 된다. 도르가가 죽었다는 슬픈 소식이 베드로에게 전해졌고 욥바로 급히 오기를 바랐다. 베드로는 곧바로 그곳으로 갔다. 그는 모든 사람을 방에서 나가게 한 다음 무릎을 꿇고 믿음으로 이렇게 기도했다. "다비다야 일어나라"(행 9:40). 그러자 다비다가 눈을 뜨고 일어났다. 베드로의 무릎 사역이 그 일을 했다. 기도가 일을 성사시켰고 이 땅에서 더 나은 봉사를 하도록 도르가의 생명을 구했다.

바울은 군인들에게 호송을 당해 로마로 가던 도중 배가 난파해 한 섬에 불시착하게 되었다. 그 섬에서 가장 높은 사람은 보블리오라는 사람이었고, 그의 늙은 부친이 열병과 이질로 심히 고통을 당하고 있었다. 바울은 그 노인에게 손을 얹고 기도했고, 하나님은 구하러 오셔서 그 병자를 치유해주셨다. 기도가 소원을 이루어지게 한 것이다. 하나님은 자연 법칙에 간섭하셔서 잠시 그것을 정지시키거나 제쳐놓으셨으며 기도하는 자신의 종의 기도에 응답하셨다. 그리고 그 이방인들 중에서 기도의 응답은 초자연적인 힘이 자신들 가운데 작용하고 있다는 것을 그들에게 확신시켜 주었다. 실제로, 그들은 자신들 가운데 초자연적인 존재가 임했다고 생각하게 되었다(행 27:1-28:10).

헤롯은 야고보를 참수한 후 베드로를 옥에 가두었다. 어린 교회는 크게 염려했지만 용기를 잃지 않았으며 쓸데없이 초조해 하거나 걱정에 빠지지 않았다. 그들은 이미 자신들의 도움이 어디에서 오는지 알고 있었다. 그들은 기도의 훈련을 잘 받아왔다. 하나님은 이전에도 자신의 종들을 위해 개입하셨고 자신의 목적이 위태롭게 될 때 간섭하셨다. "교회는 그(베드로)를 위하여 간절히 하나님께 기도하더라"(행 12:5).

홀연히 주의 사자가 구하러 와서는 놀랍고도 초자연적인 방법으로 베드로를 구출해 냈는데, 감옥 문은 잠긴 채로 그대로 있었다. 자물쇠와 옥문 그리고 적개심을 갖고 있던 왕은 전능하신 하나님의 백성이 기도로 하나님께 부르짖을 때 하나님의 길을 막을 수 없었다. 필요하다면, 자신의 목적을 성취하고 또 자신의 계획을 추진하기 위해서 하나님은 그들을 위해 기적도 행하실 것이다. 이런 순서를 따라 하나님의 말씀은 "기도의 기적들"이라 불릴 수 있는 것에 의해서 기도의 가능성들을 설명하고 확대하며 확증한다.

하나님은 삼손으로 하여금 하찮은 도구인 나귀 뼈로 일 천명을 죽이게 하시고 큰 구원을 베풀어 주심으로 그를 통해 놀라운 일을 행하셨다. 얼마 있지 않아 그는 심히 목이 말랐지만 물을 구할 수가 없었다. 목이 말라 거의 죽을 지경이 되었다. 하나님은 블레셋 사람들의 손에서 그를 구하셨는데, 하물며 목마름으로부터 능히 그를 구할 수 없으셨을까? 그런 상태에서 삼손은 주님께 부르짖었고, "하나님이 레히에서 한 우묵한 곳을 터뜨리시니 거기서 물이 솟아나오는지라 삼손이 그것을 마시고 정신이 회복되어 소생하"게 되었다(삿 15:19). 하나님은 턱뼈로 삼손에게 승리를 주실 수 있었던 것처럼 그것으로부터 물이 솟아나게 하실 수 있었다. 하나님은 자신의 적들에게 죽음을 가져다주었던 것을 바꾸어 자신의 종에게 생명을 주는 것으로 만드실 수 있었다. 하나님은 자신의 적들을 섬멸하기 위해 기적을 행하시는 것보다 더 빨리 자신의 친구들을 건져내기 위해서 기도의 응답으로 기적을 행하실 수 있으며 또한 그렇게 하실 것이다. 그러나 하나님은 기도에 대한 응답으로 두 가지 모두를 하신다.

모든 자연의 힘들은 하나님의 다스림을 받는다. 하나님

은 세상을 창조하시고 그것을 법칙에 맡겨두시고는 자신의 지성적인 피조물들의 안녕과는 상관없이 그것으로부터 물러나 자체의 운명을 이루어가게 하지 않으셨다. 자연의 법칙은 단지 하나님이 자연 안에 있는 모든 것을 다스리고 조정하시는 하나님의 법칙일 뿐이다. 자연은 단지 하나님의 종일뿐이다. 하나님은 자연을 초월해 계신다. 하나님은 자연의 노예가 아니다. 이것이 참이라면, 하나님은 자신의 더 높은 구속의 목적들을 성취하기 위해서 자연의 법칙들의 작용을 일시 정지시키실 수 있고 또 그렇게 하실 것이고, 자신의 전능한 손으로 그것들을 정지 상태로 보류시킬 수 있으며, 잠시 그것들을 무시할 수 있다. 자연을 초월해 계신 하나님이 기도에 대한 응답으로 자연을 자신의 종으로 삼고 자연으로 하여금 자신의 계획들과 목적들을 실행하게 하실 때, 그것은 자연의 법칙들을 위반하는 것이 아니다.

이것은 구약 시대의 그 놀라운 기도의 기적인 여호수아가 주 하나님의 힘과 능력을 힘입어 이스라엘의 적들을 물리쳐 완전한 승리를 거둘 수 있는 시간을 주기 위해서 해와 달에게 명하여 멈추게 했던 사건을 설명해 준다. 자연과 은총의 하나님이 기도에 대한 응답으로 잠시 동안 자신의 목적을 위해서 자신이 정해 놓은 자연 법칙들에 간섭하는 것이 왜 믿을 수 없는 것으로 여겨져야 하는가? 하나님은 손과 발이 묶여있는가? 하나님은 스스로를 너무 제한하신 나머지 기도의 법칙을 조종하실 수 없는가? 자연의 법칙은 기도의 법칙보다 우위에 있는가? 결코 그렇지 않다. 하나님은 자연의 하나님이실 뿐만 아니라 기도의 하나님이시다. 기도와 자연은 하나님을 자신들의 창조자요 통치자요 집행자로 모시고 있다! 그리고 자연이 하나님의 종인 것처럼, 기도도 하나님의 종이다.

하나님의 통치 안에 있는 기도의 힘은 어떤 다른 힘에 못지 않게 강력하다. 그래서 모든 자연의 힘과 다른 힘들은 기도의 힘 앞에 길을 내 주어야 한다. 해와 달 그리고 별들은 기도의 응답으로 하나님의 다스림 아래에 있다. 비와 햇빛 그리고 가뭄은 하나님의 뜻에 순종한다. "불과 우박과 눈과 안개와 그의 말씀을 따르는 광풍이며"(시 148:8). 질병과 건강은 하나님의 지배를 받는다. 하늘과 땅에 있는 모든 것은 절대적으로 하늘과 땅을 창조하시고 자신의 뜻에 따라 모든 것을 다스리시는 그분의 통치하에 있다.

기도는 여전히 사람들 가운데서 기적을 낳고 위대한 일

들을 일으킨다. "그러므로 너희 죄를 서로 고백하며 병이 낫기를 위하여 서로 기도하라 의인의 간구는 역사하는 힘이 큼이니라"(약 5:16)고 썼을 때와 같이 그것은 지금도 참되다. 그리고 영원한 기록이 응집된 세상에 음독될 때, 기도가 이 세상에서 얼마나 많은 것을 이루어왔는지가 나타날 것이다. 기도가 성취했고 또 지금도 성취하고 있는 모든 것에 비교해보면, 그 열매들은 거의 알려지지 않았다. 심판 날이 오면, 하나님은 성도들의 기도를 통해 이 세상에서 이루어진 일들을 드러내 보여주실 것이다. 현재에 추이의 문제로서 받아들여지는 많은 사건들이 그때에는 주님의 성도들의 기도 때문에 일어났다는 것을 알게 될 것이다.

영국 브리스톨의 조지 뮐러(George Müller)의 사역은 19세기의 기적이었다. 큰 심판 날에 책들이 펼쳐질 때 그 첫 페이지에서 그가 기도를 통해 성취했던 모든 것들이 자세히 드러날 것이다. 부모가 없는 어린이들을 돌봐주었던 그의 고아원들은 오늘날의 경이인데, 그 경건한 사람 뮐러는 그것을 유지하기 위해서 누구에게도 그것의 운영비를 지불할 돈을 달라고 요청한 적이 결코 없었다. 그가 한 것이라고는 언제나 하나님께 정확히 필요한 것을 달라는 것이었고, 그에게 온 응답은 사도 시대에 기록된 것과 같았다. 그는 모든 것을 위해 기도했으며, 하나님이 자신의 모든 필요를 채워주실 것을 절대적으로 믿었다. 그리고 기록된 내용을 보면, 뮐러와 그의 고아들은 모든 좋은 것들이 결핍된 적이 한번도 없었다.

그리스도를 위해서 그리고 고통당하는 사람을 위해서 그토록 많은 일을 했던 그 거룩한 사람의 비문에는 다음과 같이 씌어져 있다.

> 그는 기도로 한 병원의 벽들과 간호사들의 마음을 열었다. 그는 기도로 선교부를 존재하게 했고, 선교사들이 믿음을 갖게 했다. 그는 기도로 부유한 사람들의 마음을 열었고 가장 먼 땅으로부터 금을 얻었다.

사람들은 종종 언젠가 루터가 "그리스도인의 일은 기도다"라고 했던 말을 인용하곤 한다. 분명히, 어떤 특별한 이유로 해서 설교자의 일은 기도하는 것이어야 한다. 우리는 많은 설교자들이 이 기도의 일에 대해 아는 것이 없어서 결코 이 일에 성공하지 못하지나 않을까 크게 걱정된다. 기도의 일을 제대로 하는 능숙한 사람이 되기 위해서는 기도의 일에 대한 엄격한 도제생활을 거쳐야 한다. 이 기도하는 일을 제대로 하는 능숙한 사람들이 적을 뿐만 아니라 심지어는 기도의 도제공이 되어 본 사람이 아주 적다는 것도 사실이다. 그들에 의해 이루어진 것이 거의 없다는 것은 조금도 놀랄 일이 아니다! 하나님과 초자연적인 일들이 그들의 프로그램에서 빠져 있다.

많은 사람들이 이 기도의 일을 배운 적이 없기 때문에 그것을 이해하지 못하며 따라서 그 일에 종사하지 않는다. 많은 기적들은 우리의 기도로 일어나야 한다. 왜 많은 기적들이 나타나지 않는가? 주님의 팔이 짧아서 그분은 우리를 구원하실 수 없는가? 귀가 먹어서 들으실 수 없는가? 불법이 성하고 많은 사람의 사랑이 식어서 그 능력을 상실했는가(마 24:12)? 하나님은 이전과 다르게 변하셨는가? 이 모든 물음에 대해 우리는 단호하게 거부할 것이다. 하나님은 과거에 그러셨던 것처럼, 오늘날도 기도로 거뜬히 기적을 일으키실 수 있다. "나 여호와는 변하지 아니하나니"(말 3:6). "여호와께 능하지 못한 일이 있겠느냐"(창 18:14).

기도로 기적을 낳는 사람은 무엇보다도 먼저 자신에게 최고의 기적을 행할 것이다. 아, 우리가 그리스도인의 일인 기도를 온전히 이해하고 날마다 그 일에 종사하며 따라서 우리 자신들을 위해 위대한 영적 재화를 벌 수 있다면 얼마나 좋을까!

기도를 통해 나타나는 하나님의 경이들

(아주 경건한 사람을 제외하고) 이해가 불충분하고 논증적인 지혜에 의해서 하나님을 거의 알지 못하는 그러한 불쌍한 영혼은 종종 거의 현명하게 말할 수 없지만, 그는 위대한 학자—비록 그들도 아주 경건할지라도—가 자신의 전 생애에 걸쳐 하나님에 대해 알게 된 것보다 종종 한 번의 기도로 하나님에 대해 더 많은 것을 안다. 하나님은 종종 매우 경건하나 약한 사람들을 그렇게 다루신다. 왜냐하면 만일 그러한 사람들이 정하게 된 이성에 의해 하나님을 아는 것이 막혀 버린다면, 그들은 광범위하게 이해하지 못하게 될 것이며 따라서 은혜와 거룩 안에서 거의 자라지 못할 것이기 때문이다. 그러므로 하나님은 그러한 계몽에 의해 그들의 영을 깨우심으로 하나님에 관한 지식을 제공하신다.
—토마스 굿윈(Thomas Goodwin)

이 세상에는 하나님과 마귀, 선과 악 그리고 하늘과 지옥 사이에서 벌어지는 무서운 싸움이 있다. 기도는 사탄을 물리치고 죄를 다스리며 지옥을 무너뜨리는 강한 능력이다. 오직 기도하는 지도자들만을 굉장히 무서운 이 싸움에서 믿을 수 있다. 기도하는 사람들만이 일선에 배치될 수 있다. 이런 사람들만이 모든 악한 세력들과 성공적으로 싸울 수 있는 유일한 사람들이다.

"모든 성도의 기도"(계 8:3)는 모든 어둠의 세력들에 대항하는 무궁한 힘이다. 이 기도들은 세상과 육체 그리고 마귀를 이기는 데 있어서, 그리고 악을 물리치고 악마와 그 모든 활동에 대해 승리할 수 있는 하나님의 활동의 운명을 실현하는데 있어서 대단한 능력이다. 하나님의 활동의 성격과 에너지는 기도 안에 있다. 승리는 기도가 끝난 뒤에 온다.

하나님의 능력의 경이들은 기도에 의해서만 계속해서 살아 있게 되고 실제적이 되고 현재적이 되며 반복된다. 하나님이 오늘날에는 이전만큼 이 세상에서 분명하지 않거나 현현이 강력하지 않은 것은 기적이 끝났거나 하나님이 사역을 중단하셨기 때문이 아니라, 기도가 그 간결성과 위엄 그리고 능력을 상실했기 때문이다. 하나님은 여전히 살아 계시며, 하나님이 살아 계셔서 활동하시는 한에서 기적들도 여전히 계속된다. 왜냐하면 기적들은 하나님의 행동 방식이기 때문이다. 하나님을 믿는 믿음이 그분의 능력에 대한 의심으로 인해 흔들리거나 두려움 때문에 생기는 움츠러듦으로 말미암아 흔들릴 때, 기도는 위축되고 시들해지며 굳어진다. 믿음이 하나님을 망원경으로만 볼 수 있는 멀리 계신 분으로 볼 때, 기도는 기적을 행하지 못하며 해방의 경이를 가져오지 못한다. 그러나 가장 가까이에서 온전한 믿음의 눈으로 하나님을 볼 때, 기도는 경이의 역사를 이룬다.

하나님에 관해 생각하라. 하나님을 소중히 여기라. 그분이 믿음의 지평을 넓히고 채우실 때까지 말이다. 그러면 기도가 그 놀라운 경이들의 유산 속으로 들어올 것이다. 우리가 하나님의 목적들은 기도에 의해서 바뀌고 하나님의 앙갚음은 기도에 의해서 유예되며 하나님의 형벌은 기도에 의해서 용서된다는 것을 기억할 때, 기도의 경이들을 보게 된다. 하나님이 인간을 다루시는 전 범위가 기도에 의해서 영향을 받는다. 기도는 점점 더 많이 사용해야 하는 힘이며 삶의 모든 사건들을 복종시켜야 하는 힘이다.

"쉬지 말고 기도하"고(살전 5:17) 범사에 기도하며 어디서나 기도하라는 이러한 계속성의 명령들은 기도의 끊임없는 능력과 그것의 무한한 가능성과 그것의 정확한 필요성을 나타낸다. 기도는 모든 것을 할 수 있다. 기도는 모든 것을 해야 한다.

> 기도는 유아도 해볼 수 있는
> 가장 간단한 형태의 말이라네.
> 기도는 하늘에 계신 지고하신 분께
> 도달하는 가장 고귀한 노래라네.

기도는 하나님께 무언가를 구하는 것이며 무언가 하나님이 약속하신 것을 구하는 것이다. 기도는 우리가 필요로 하는 것을 얻고 하나님이 이 땅에서 하기로 약속하시는 것을 이루시기 위해 하나님이 정하신 수단을 사용하는 것이다.

> 기도는 하나님이 주기로 계획하시는
> 축복을 가져다주기 위해 정하신 것.
> 사는 동안 그리스도인들은 기도해야 한다네.

그들은 태어날 때부터 기도하는 법을 배우네.

기도는 우리가 필요로 하고 하나님만이 주실 수 있으며 기도만이 우리에게 날라다 줄 수 있는 축복들을 우리에게 가져다 준다. 가장 넓은 범위에서 볼 때, 기도의 가능성들은 기도의 본질 속에서 발견된다! 이 기도의 일은 단순한 의식이나 우리가 행하는 예식이나 일종의 거행이 아니다. 기도는 무언가 필요하고 바라는 것을 구하려 하나님께 가는 것이다. 기도는 간단히 우리가 하나님께 구하면 우리에게 주시겠다고 하나님이 약속하신 것을 우리에게 달라고 하나님께 구하는 것이다.

응답은 기도의 한 부분이며 기도에 대한 하나님의 몫이다. 어떤 것을 구하는 것이 기도인 것처럼, 우리가 구한 것을 하나님이 행하시는 것도 기도의 일부이다. 구하는 것은 인간의 몫이고 주시는 것은 하나님의 몫이다. 기도는 우리에게 속하고 응답은 하나님께 속한다.

인간은 간구하고 하나님은 응답하신다. 간구와 응답이 기도를 구성한다. 하나님은 인간이 구하는 것보다 응답하시는데 더 준비가 되어 있고 더 자발적이며 더 바라신다. 기도의 가능성들은 많은 것들을 구할 수 있는 인간의 능력과 많은 것들을 주실 수 있는 하나님의 능력에 있다.

기도에 대한 하나님의 유일한 조건과 제한은 기도하는 사람의 성격에서 발견된다. 우리의 믿음과 기도의 분량은 그분의 주심의 분량이 된다. 우리 주님이 맹인들에게 "너희 믿음대로 되라"(마 9:29)고 말씀하셨던 것처럼, 기도할 때도 마찬가지이다. "너희 구하는 대로 되라." 하나님은 기도에 따라 응답을 판정하신다. 하나님은 기도에 대한 응답의 분량을 정하실 때 기도의 법칙에 의해 제한을 받으신다. 기도하는 만큼 응답을 받을 것이다.

만일 기도하는 사람이 기도를 보증하는 특징들을 가지고 있다면, 그 가능성들은 무한하다. 그것들은 "무엇이든지…다"(마 21:22)라고 선포되어 있다. 범위나 조건, 성격이나 종류에 제한이 없다. 기도하는 사람은 어떤 것을 위해서도 그리고 모든 것을 위해서도 기도할 수 있다. 그리고 하나님은 어떤 것이라도 그리고 모든 것을 주실 것이다. 만일 우리가 구하는 일에 하나님을 제한한다면, 그분은 주시는 일도 제한 받으실 것이다.

하나님은 앞일을 생각하시면서 자신의 말씀에서 마지막 날에 있을 경이 중의 경이(wonder of the wonders)가 너무나 대단해서 생물이든 무생물이든 모두 그분의 능력을 보고 흥분하게 될 것이라고 선포하셨다.

> 보라 내가 새 하늘과 새 땅을 창조하나니 이전 것은 기억되거나 마음에 생각나지 아니할 것이라 너희는 내가 창조하는 것으로 말미암아 영원히 기뻐하며 즐거워할지니라 보라 내가 예루살렘을 즐거운 성으로 창조하며 그 백성을 기쁨으로 삼고.(사 65:17-18)

그러나 하나님의 놀라운 역사의 이 날들, 즉 그분의 장엄하고 경이를 낳는 능력의 날들은 장엄한 기도의 날들일 것이다. "그들이 부르기 전에 내가 응답하겠고 그들이 말을 마치기 전에 내가 들을 것이며"(사 65:24).

실제로 그것은 지금까지 그랬었다. 하나님의 놀랍고 기적을 일으키는 때는 놀랍고 기적을 일으키는 기도의 때였다. 하나님 자신의 평가에 의하면, 하나님께 대한 예배에서 가장 위대한 것은 기도이다! 예배의 주된 일과 그것의 두드러진 특징은 기도이다.

> 내가 곧 그들을 나의 성산으로 인도하여 기도하는 내 집에서 그들을 기쁘게 할 것이며 그들의 번제와 희생을 나

의 제단에서 기꺼이 받게 되리니 이는 내 집은 만민이 기도하는 집이라 일컬음이 될 것임이라.(사 56:7)

이것은 유대교 예배 하의 모든 화려한 의식들과 예식 행렬(parade of ceremonies)에서도 사실이었다. 산 제물, 제물을 드리는 것 그리고 속죄의 피에는 모두 기도가 가득 차 있었다. 하나님의 집을 가득 채웠던 번제물의 연기와 분향은 기도의 불꽃에 지나지 않았으며, 하나님의 모든 백성은 기도의 제단에서 섬기도록 기름부음 받은 제사장들이었다. 그러므로 모든 것들은 능력 있는 기도로 행해졌는데, 왜냐하면 능력 있는 기도는 강한 믿음의 열매요 영감이었기 때문이다. 그러나 더 단순한 복음의 예배를 드리는 현재에 모든 것들이 기도로 행해져야 하는 것은 훨씬 더 적법하다.

자연의 과정, 즉 행성들과 구름의 이동은 기도의 영향력에 복종했고, 하나님은 기도의 강력한 힘에 의해서 태양과 계절의 질서를 변화시키고 저지하셨다. 이 신적 수단인 기도를 통해 여호수아가 해와 달을 멈추게 하여 아모리 군대와 싸우는 이스라엘의 군대가 완전한 승리를 더 많이 거둘 수 있게 해 주었던 그 놀랄만한 사건을 주목할 필요가 있다(수 10:12-14).

만일 우리가 하나님의 말씀을 믿는다면, 우리는 기도가 하나님을 감동시키되 강하게 감동시킨다는 것을, 그리고 기도는 효력이 있되 대단히 효력이 있다는 것을 믿지 않을 수 없다. 기도에는 경이가 있다. 왜냐하면 하나님 안에 경이가 있기 때문이다. 기도는 부적과 같은 위력을 지니고 있지 않다. 기도는 단순한 주문이 아니다. 그것은 이른바 마력을 가지고 있지 않다. 기도는 단지 그리스도의 이름으로 하나님의 뜻에 알맞은 것들에 대해서 우리의 구할 것을 하나님께 아뢰는 것이다. 그것은 모든 것을 알고 계시고 모든 것을 다스리시며 모든 것을 하실 수 있는 하나님 아버지께 우리의 구할 것을 맡기는 것이다. 기도는 하나님의 지혜를 신뢰하는 무한한 무지이다. 기도는 자원이 무한하신 분인 하나님께 우리의 필요를 알리려고 부르짖는 소리이다. 기도는 하늘에 계신 하나님 아버지의 말씀을 어린아이같이 신뢰하는 무력함이다. 기도는 단지 우리가 필요로 하는 모든 것을 기도로 마음대로 구할 수 있게 하신 전능하신 하나님의 무한한 지혜와 능력 그리고 부유함을 전적으로 신뢰하는 마음을 말로 표현하는 것이다.

우리는 그와 같은 은혜로운 때의 모든 은혜로운 결과들

이 어떻게 기도를 통해 세상에 나타나는지를 하나님의 말씀 속에서 배운다. 하나님의 마음은 자기 백성에게 복 주시기를 기대하실 때 기쁨이 넘치는 것 같다. 선지자 요엘의 입을 통해 하나님은 이렇게 말씀하셨다.

> 땅이여 두려워하지 말고 기뻐하며 즐거워할지어다 여호와께서 큰 일을 행하셨음이로다 들짐승들아 두려워하지 말지어다 들의 풀이 싹이 나며 나무가 열매를 맺으며 무화과나무와 포도나무가 다 힘을 내는도다 시온의 자녀들아 너희는 너희 하나님 여호와로 말미암아 기뻐하며 즐거워할지어다 그가 너희를 위하여 비를 내리시되 이른 비를 너희에게 적당하게 주시리니 이른 비와 늦은 비가 예전과 같을 것이라 마당에는 밀이 가득하고 독에는 새 포도주와 기름이 넘치리로다 내가 전에 너희에게 보낸 큰 군대 곧 메뚜기와 느치와 황충과 팟중이가 먹은 햇수대로 너희에게 갚아 주리니 너희는 먹되 풍족히 먹고 너희에게 놀라운 일을 행하신 너희 하나님 여호와의 이름을 찬송할 것이라 내 백성이 영원히 수치를 당하지 아니하리로다 그런즉 내가 이스라엘 가운데에 있어 너희 하나님 여호와가 되고 다른 이가 없는 줄을 너

희가 알 것이라 내 백성이 영원히 수치를 당하지 아니하리로다.(요엘 2:21-27)

하나님이 자기 백성에게 주시기로 작정하시는 이것들은 물질적인 것들로서 참으로 놀랍다! 그것들은 하나님이 그들에게 주시겠다고 약속하신 놀라운 현세적인 축복들이다. 그것들을 연구해 보면, 우리 마음은 거의 깜짝 놀라게 된다. 그러나 하나님은 자신의 축복들을 현세적인 것들에 한정시키지 않으신다. 하나님은 앞을 내다보시면서 오순절을 예견하셨고 성령을 부어주심에 관한 대단히 크고 귀한 이 약속들을 하셨는데, 베드로는 그 기쁜 오순절 날에 그 말씀을 직접 인용했다.

> 그 후에 내가 내 영을 만민에게 부어 주리니 너희 자녀들이 장래 일을 말할 것이며 너희 늙은이는 꿈을 꾸며 너희 젊은이는 이상을 볼 것이며 그 때에 내가 또 내 영을 남종과 여종에게 부어 줄 것이며 내가 이적을 하늘과 땅에 베풀리니 곧 피와 불과 연기 기둥이라 여호와의 크고 두려운 날이 이르기 전에 해가 어두워지고 달이 핏빛 같이 변하려니와 누구든지 여호와의 이름을 부르는 자

는 구원을 얻으리니 이는 나 여호와의 말대로 시온 산과 예루살렘에서 피할 자가 있을 것임이요 남은 자 중에 나 여호와의 부름을 받을 자가 있을 것임이니라.(요엘 2:28-32)

그러나 이 놀라운 축복들은 하나님의 주권적인 능력에 의해 사람들에게 주어지지 않을 것이며, 그것들은 무조건적으로 주어지지도 않을 것이다. 하나님의 백성은 그와 같은 영광스런 결과들에 앞서 무언가를 해야만 한다. 금식과 기도는 그와 같은 축복들을 받는 조건들로서 중요한 역할을 함에 틀림없다. 따라서 하나님은 같은 예언자의 입을 통해 다음과 같이 말씀하셨다.

여호와의 말씀에 너희는 이제라도 금식하고 울며 애통하고 마음을 다하여 내게로 돌아오라 하셨나니 너희는 옷을 찢지 말고 마음을 찢고 너희 하나님 여호와께로 돌아올지어다 그는 은혜로우시며 자비로우시며 노하기를 더디하시며 인애가 크시사 뜻을 돌이켜 재앙을 내리지 아니하시나니 주께서 혹시 마음과 뜻을 돌이키시고 그 뒤에 복을 내리사 너희 하나님 여호와께 소제와 전제를 드리게 하지 아니하실는지 누가 알겠느냐 너희는 시온에서 나팔을 불어 거룩한 금식일을 정하고 성회를 소집하라 백성을 모아 그 모임을 거룩하게 하고 장로들을 모으며 어린이와 젖 먹는 자를 모으며 신랑을 그 방에서 나오게 하며 신부도 그 신방에서 나오게 하고 여호와를 섬기는 제사장들은 낭실과 제단 사이에서 울며 이르기를 여호와여 주의 백성을 불쌍히 여기소서 주의 기업을 욕되게 하여 나라들로 그들을 관할하지 못하게 하옵소서 어찌하여 이방인으로 그들의 하나님이 어디 있느냐 말하게 하겠나이까 할지어다 그 때에 여호와께서 자기의 땅을 극진히 사랑하시어 그의 백성을 불쌍히 여기실 것이라 여호와께서 그들에게 응답하여 이르시기를 내가 너희에게 곡식과 새 포도주와 기름을 주리니 너희가 이로 말미암아 흡족하리라 내가 다시는 너희가 나라들 가운데에서 욕을 당하지 않게 할 것이며.(요엘 2:12-19)

기도는 하나님의 임재가 이르는 곳은 어디든 그곳까지 이른다. 하나님은 어디나 계시기 때문에 기도도 어디든 도달한다. 시편 139편 8-10절은 이렇게 말한다.

내가 하늘에 올라갈지라도 거기 계시며 스올에 내 자리를 펼지라도 거기 계시니이다 내가 새벽 날개를 치며 바다 끝에 가서 거주할지라도 거기서도 주의 손이 나를 인도하시며 주의 오른손이 나를 붙드시리이다.

기도의 하나님에 대한 이 말씀은 기도에 대해서도 참되다고 말할 수 있을 것이다. 죽음의 신비들은 기도에 의해서 간파되었고, 그 희생자들은 기도의 능력에 의해서 다시 살아나게 되었다. 왜냐하면 하나님은 죽음을 지배하시고, 기도는 하나님이 통치하시는 곳에 이르기 때문이다. 엘리사와 엘리야는 모두 자신들의 기도로 죽음의 영역에 침투하여 기도의 능력으로서의 하나님의 능력을 주장하고 입증했다. 베드로는 기도로 초대교회의 신앙심 깊은 성도인 도르가를 소생시켰다. 바울은 밤중에 강론할 때 창문에서 떨어진 유두고에게 가서 그 위에 엎드려 그 몸을 안고 필시 기도의 능력을 발휘했을 것이다.

우리 주님은 여러 번 "무엇이든지 다"를 포함하는 것으로서의 기도의 광범위한 가능성과 무한한 성질을 분명하게 선언하셨다. 기도의 조건들은 하나님 자신과의 개인적인 연합 안으로 승격된다. 하나님께 영광을 돌리는 그 성공적인 기도는 우수한 일꾼들과 많은 일꾼들이 세상에서 하나님의 사역을 강력하게 추진하기 위해서 확보해야 할 조건이었다.

모든 좋은 것들을 주시는 것은 그것들을 달라고 구하는 것에 달려 있다. 하나님의 자녀들에게 성령을 주시는 것도 하나님의 자녀들이 구하는 것에 달려있다. 이 땅에서의 하나님의 뜻은 기도에 의해서만 확보될 수 있다. 일용할 양식은 기도로 얻게되고 거룩하게 된다. 경외심, 죄의 용서, 악한 자로부터의 해방 그리고 유혹으로부터의 구원은 모두 기도의 손안에 있다.

예수 그리스도가 산상설교에서 가르치신 자신의 가르침의 기본 원리로 제시하는 보석 같이 귀중한 첫 번째 근거는 이것이다. "심령이 가난한 자는 복이 있나니 천국이 그들의 것임이요"(마 5:3). 기도가 내적 궁핍감에서 나오고 또 기도가 깊은 결핍으로 시달리는 영의 외침이듯이, "심령이 가난한" 것은 한 사람이 기도할 수 있는 곳에 있고 또 그가 기도하는 곳에 있다는 것이 분명하다.

기도는 세상에 있는 엄청난 힘이다. 이 기도의 상(picture)과 그 놀라운 가능성들을 숙고하라. 하나님의 목적은 이 땅에서는 조용하고 움직이지 않는다. 강하고 또

몹시 섬기고 싶어하는 한 천사가 하늘에 있는 하나님의 보좌 주변에서 기다린다. 지상에서 일을 진행시키고 또 이 세상에서 하나님의 목적의 진행에 자극을 주기 위해서 천사는 모든 시대의 하나님의 모든 성도들의 모든 기도를 모아서 그것들을 하나님 앞에 바친다. 아론이 거룩한 성전에 들어가서 하나님의 직접적인 임재에 의해 경외심을 느낄 때 매우 향긋한 향료를 발라 향기 나게 했던 것처럼 말이다. 그 천사는 긴 줄이 달린 금 향로를 사용하여 그 거룩한 기도의 예물로 가득 차게 하고 향로에 단의 불을 담아다가 땅에 쏟았다(요한계시록 8:3-5를 보라).

그 놀랄만한 결과에 주목하라. "우레와 음성과 번개와 지진이 나더라"(계 8:5). 그와 같이 땅을 뒤흔든 이것은 참으로 무시무시한 힘이 아닌가? 그 대답은 이것이다. 그것은 "성도의 기도"(계 8:4)로서 그 기도를 담당하고 있는 그 천사가 던진 것이다. 이 강력한 힘은 이 땅에서 가장 강력한 다이너마이트가 지니고 있는 힘과 같은 기도이다.

전능하신 하나님이 자신의 참된 예언자의 기도에 응답하여 행하신 경이들을 보여주는 또 다른 예를 들어보자. 하나님의 백성의 나라는 머리와 마음과 삶이 모두 굉장히 변절되어 있었다. 하나님의 사람이 그 땅에 아주 중요한 것을 의미했던 무서운 메시지를 가지고 그 변절한 왕에게 갔다. "내 말이 없으면 수 년 동안 비도 이슬도 있지 아니하리라"(왕상 17:1). 구름을 머물게 하고 비를 막으며 이슬이 내리는 것을 막을 수 있는 이 강력한 힘은 어디에서 왔는가? 그러한 권위를 가지고 말씀하시는 이분은 누구인가? 이 세상에서 그와 같은 것을 할 수 있는 다른 어떤 힘이 있는가? 그 힘은 오직 하나밖에 없으며, 그것은 기도하는 하나님의 선지자의 손안에서 행사되는 기도이다. 기도로 하나님을 움직이고 그리하여 감히 자연의 힘을 굴복시키는 그러한 권세를 쥔 사람은 엘리야였다. 그는 그 엄청난 힘을 사용하는데 능숙했다. 그가 "비가 오지 않기를 간절히 기도한즉 삼 년 육 개월 동안 땅에 비가 오지 아니"했다(약 5:17).

그러나 그것이 그 이야기의 전부가 아니다. 기도로 구름을 머물게 하고 비를 막을 수 있었던 그는 또한 같은 강력한 기도의 능력으로 구름을 다시 흘러가게 하고 비를 내리게 할 수 있었다. "다시 기도하니 하늘이 비를 주고 땅이 열매를 맺었느니라"(약 5:18).

기도의 능력은 강하고 그 열매는 놀랍다. 기도의 사람들에 의해서 놀라운 일들이 일어난다. 많은 경이들은 강력한 손에 의해 수행된 기도의 경이들이다. 기도로 성취한 것들의 증거를 보면, 우리는 거의 넋을 잃게 된다. 그것들은 우리의 믿음에 도전을 가하며, 우리가 기도할 때 우리의 기대심을 고무한다.

이와 같이 대략적으로 살펴보면, 우리는 기도의 큰 가능성들과 기도의 긴급한 필요성에 대한 조감도를 얻는다. 우리는 하나님이 진실로 기도하는 사람들의 손에 자신을 어떻게 맡기셨는지를 깨닫게 된다. 기도의 경이들은 위대하다. 왜냐하면 기도를 들으시고 그 기도에 응답하시는 하나님이 위대하시기 때문이다. 이 경이들은 위대하다. 왜냐하면 위대하신 하나님이 기도하는 사람들에게 하신 풍부한 약속들이 위대하기 때문이다.

우리는 기도의 광범위한 가능성들과 그것의 절대적이고 명백한 필요성을 살펴보았다. 우리는 또한 그 주제를 우리의 마음에 더 분명하고 참되고 강하게 새기기 위해서 이전의 상세한 사항들과 면밀함이 필요함을 살펴보았다. 교회는 지금까지보다도 더 교회에 맡겨진 사역을 수행함에 있어서 기도가 지극히 중요하다는 깊은 확신을 필요로 한다. 만일 교회가 주님이 자신에게 주신 어렵고 섬세하며 책임 있는 과업을 수행할 수 있으려면, 교회는 더 많이 기도해야 하고 더 잘 기도해야 한다.

  기도하지 않는 교회를 기다리고 있는 것은 실패뿐이다. 기도를 많이 하는 교회는 분명 잘 된다. 교회 안의 초자연적인 요소는 오직 기도를 통해서만 임하며, 초자연적인 요소가 없다면 교회는 실패하고 만다. 바삐 움직이는 분주한 시대에 하나님께 부름 받은 교회는 기도하는데 더 많은 시간을 드려야 한다. 이러한 생각 없고 분별없는 허울뿐인 종교의 시대에 교회는 기도에 대해 더 많은 생각을 해야 한다. 만일 교회가 주님의 능력 안에서 앞으로 나아가고 하나님의 약속에 의해 자신의 유산인 경이를 수행하려고 한다면, 보다 더 많은 마음과 영혼이 기도하는 일에 종사해야 한다.

    오, 살아 계신 하나님의 성령이시여,
    당신의 모든 풍성한 은혜 안에서
    인간의 발이 어디로 가든,
    이 변절한 민족 위에 임하옵소서.

    불의 혀와 사랑의 마음을 주셔서
    화목하게 하는 말씀을 전하게 하시고,

위로부터 오는 능력과 열정을 주셔서
어느 곳이든 기쁜 소리를 전하게 하소서.

요한 웨슬리(John Wesley)의 삶에서 한두 가지 예를 들어 영적 능력이 현저하게 나타난 경우를 설명하는 것도 유용할 것이다. 이미 잘 알려져 있는 그 하나님의 사람은 동료들을 모아 놓고 밤새도록 또는 하나님의 강력한 능력이 자신들에게 임할 때까지 기도했다. 1738년 12월 31일 페터 레인(Fetter Lane)에서 송구영신 예배를 드릴 때, 찰스 웨슬리와 요한 웨슬리는 조지 화이트필드(George Whitefield)와 함께 일어서서 자정이 지나서까지 노래하고 기도하고 있었다. 다음은 그것에 대한 설명이다.

새벽 3시경이었다. 우리가 계속해서 간절히 기도하고 있을 때, 하나님의 능력이 우리 위에 강하게 임했다. 그로 인해 많은 사람들이 너무도 기쁜 나머지 크게 울었고, 많은 사람들이 땅바닥에 쓰러졌다. 우리는 하나님의 위엄 있는 임재로 인해 생긴 두려움과 놀람에서 어느 정도 정신을 차리게 되었을 때 한 목소리로 이렇게 외쳤다. "오 하나님, 당신을 찬양합니다! 당신을 우리의 주님으로 인정합니다."

또 다른 경우에 웨슬리는 우리에게 이렇게 말했다. "자정이 지나서 우리 중 100여명이 함께 집으로 걸어가면서 노래하고 기뻐하며 하나님을 찬양했다."

그 경건한 사람은 종종 그 영향에 대해 다음과 같이 기록했다. "우리는 아침까지 계속해서 말씀을 전했고 기도와 찬양을 했다." 그는 종종 밤에 홀로 남아 밤이 새도록 기도로 하나님과 씨름하곤 했는데, 어느 날 밤 한 카톨릭 신부가 그 모습을 보고는 큰 감동을 받았고 자신의 영적 상태에 대해 깨우침을 받았다는 일화가 전해진다.

하나님은 성경 시대에 종종 기도를 통해 경이들을 행하시면서 자신의 능력을 나타내셨던 것처럼, 오늘날에도 자신을 증언해 오셨다. 기도는 오순절에 그랬던 것과 같이 오늘날도 끈질기고 계속적인 기도에 대한 응답으로 성령을 사람들 위에 임하시도록 한다. 기도의 경이들은 끝나지 않았다.

기도와 하나님의 섭리

한 영혼이 유혹을 받아 하나님의 존재를 의심하게 될 때, 이성과 지혜를 방법으로 하는 논거들은 그가 그것들로부터 약간의 빛을 얻을 수 있다고 그에게 확신시킬지도 모른다. 그러나 때때로 하나님은 직접적인 광선과 함께 그의 영혼에 들어오셔서 수많은 논거들이 할 수 있는 것 이상으로 단번에 그의 모든 의심을 흩어버리실 것이다. 하나님이 존재하심을 아는 것에 관한 한, 지혜의 방법은 요점을 결합시키지만, 그러나 다른 것은 그것을 산산조각 낸다. 그와 같이 한 사람이 지혜와 이성의 방법을 사용하여 자신의 마음을 들여다보고 거기에서 은혜의 역사를 보고 하나님이 자신을 다루시는 것에 근거하여 주장할 때, 그것은 계속해서 유혹에 빠져든다. 그렇지만 만일 하나님이 빛과 함께 그의 심령 속으로 오지 않으시면, 그리고 그를 얽어매고 속박하는 모든 것들이 한 순간에 제거되지 않는다면, 그 모든 것은 사람을 만족시키지 못한다. 여기에 지혜의 방법과 계시의 방법 사이에 현저한 차이가 있다.

-토마스 굿윈(Thomas Goodwin)

기도와 하나님의 섭리는 밀접한 관계가 있다. 그것들은 친밀한 사귐 안에 있어서 아무리 해도 서로 나뉠 수 없다. 그것들은 그토록 밀접하게 관련되어 있어서 어느 하나를 부정하는 것은 다른 하나를 없애는 것이 된다. 기도는 섭리를 가정하는 반면에, 섭리는 기도의 결과이며 기도에 속한다. 모든 기도의 응답은 인간사에 간섭하신 하나님의 섭리일 뿐이다. 섭리는 특히 기도하는 사람들과 관계가 있음에 틀림없다. 기도와 섭리 그리고 성령은 삼위일체적 관계(triune relationship)를 형성하여 서로 협력하며 서로 완전한 조화를 이룬다. 기도는 기도하는 사람을 위해서 간섭하시는 성령을 통해 인간이 하나님께 요청하는 것에 지나지 않는다.

섭리라는 말은 하나님이 이 세상과 세상사를 감독하시는 것을 뜻한다. 그것은 전능하신 하나님이 생명이 있든 없든, 지능이 있든 없든 자신의 모든 피조물들을 위해서 은혜 가운데 공급해 주시는 것을 함축한다. 일단 우리가 하나님은 모든 인간의 창조자요 보호자라는 것과, 그분은 지혜롭고 지성적이라는 것을 인정하기만 하면, 우리는 논리적으로 전능하신 하나님은 자신이 지으시고 또 보호하시는 것들을 직접 다스리신다는 결론에 이르게 된다. 사실, 창조와 보존은 관리하는 섭리를 가정한다. 하나님의 섭리라고 불리는 것은 단지 전능하신 하나님이 그 최고의 이익을 위해서 세상을 다스리고 계시며 인류의 선을 위해서 모든 것을 감독하고 계시다는 것을 의미한다.

사람들은 "특별 섭리"(special providence)와 "일반 섭리"(general providence)를 나누어서 말한다. 특별 섭리로 이루어진 것을 제외한 일반 섭리는 없다. 하나님 편에서의 일반 감독은 각 사람, 심지어는 모든 생물과 동물 그리고 그와 비슷한 모든 것에 대한 특별하고 개인적인 감독을 가정한다.

하나님은 어디에나 계시면서 인간의 최고의 이익을 위해서 모든 것을 보고계시고 관리하시고 감독하시고 다스리시며, 자신의 계획을 추진하고 창조와 구속에 있어서의 자신의 목적들을 수행하신다. 그분은 부재자 하나님(absentee God)이 아니다. 하나님은 그 안에 있는 모든 것을 가지고 세상을 만드시고는 그것을 이른바 자연법칙들에 위임한 다음 우주 공간의 은밀한 곳으로 물러나 세상에 대해서나 자신의 법칙들의 진행에 대해서 무관심하게 있지 않으신다. 그분의 손길은 우리 목전에 있으며. 그분의 통제 영역 밖에 있는 일이란 없다. 이 세상 사람들과 세상사는 전능하신 하나님과 무관하게 진행되고 있지 않다.

모든 섭리는 특별 섭리이며, 기도와 이러한 섭리는 함께 작용한다. 하나님의 손길은 모든 것 안에 있다. 하나님을 초월하여 존재하는 것은 아무 것도 없으며, 그분의 주목을 받지 않는 것 또한 아무 것도 없다. 이것은 일어나는 모든 일을 하나님이 명하신다는 것을 함축하지는 않는다. 인간은 여전히 자유로운 행위자이다. 그러나 인간은 자유로운 존재이고 마귀는 이 땅의 사방에 있지만 하나님은 인간의 선을 위해 그리고 자신의 영광을 위해 세상사를 주관하고 지배하실 수 있다는 것과, 인간의 분노조차도 자신을 찬송하는 원인이 되게 하실 수 있다는 것을 우리가 기억할 때, 전능하신 하나님의 지혜가 드러난다.

모든 것을 아시고 완전하게 공의로우신 하나님의 감독 하에서 우연히 일어나는 일이란 아무 것도 없다. 하나님의 도덕적 또는 자연적 통치 안에서 우연히 일어나는 일이란 아무 것도 없다. 하나님은 질서의 하나님이자 법칙의 하나님이시지만, 또한 자신의 지성적이며 구속받은 피조물의 이익을 위하여 주관하시는 분이다. 하나님이 알지 못하시는데 일어날 수 있는 일이란 아무 것도 없다!

하나님의 모든 주변시야가
우리의 일어남과 휴식을 살피며,
우리의 공공연한 행동과 개개인의 형편
그리고 우리 마음의 비밀까지도 살피네.

예수 그리스도는 이 문제에 대해 다음과 같이 아주 분명하게 말씀하셨다.

참새 두 마리가 한 앗사리온에 팔리지 않느냐 그러나 너희 아버지께서 허락하지 아니하시면 그 하나도 땅에 떨어지지 아니하리라 너희에게는 머리털까지 다 세신 바 되었나니 두려워하지 말라 너희는 많은 참새보다 귀하니라.(마 10:29-31)

하나님은 이 세상에서 제외될 수 없다. 기도의 교리는 하나님을 이 세상에 직접 관여하시게 하며, 그분을 움직여 이 세상의 모든 일에 직접 간섭하시게 한다.

전능하신 하나님을 삶의 섭리들에서 제외시키는 것은 기도와 그것의 효력에 직접적으로 일격을 가하는 것이다. 하나님의 동의 없이는 이 세상에서 아무 것도 일어나지 않는다. 그렇다고 해서 그것이 하나님은 모든 것을 승인하시거나 이 세상에서 일어나는 모든 것에 대해 책임이 있다는 것을 의미하는 것은 아니다. 하나님은 죄의 장본인이 아니다.

때때로 사람들은 이렇게 묻는다. "모든 것 안에 하나님이 계시는가?" 마치 하나님의 통치 영역 밖에, 그리고 하나님이 관여하지 않는 그분의 주의 밖에 어떤 것들이 있는 것처럼 말이다. 만일 하나님이 모든 것 안에 계시지 않는다면, "아무 것도 염려하지 말고 다만 모든 일에 기도와 간구로, 너희 구할 것을 감사함으로 하나님께 아뢰라"(빌 4:6)는 바울의 교훈에 따라 그리스도인들이 기도를 한 것은 도대체 무엇이란 말인가?

우리는 하나님과 전혀 무관한 것들을 위해서 또 그런 것들에 대해서 기도해야 한단 말인가? 하나님은 모든 것 안에(in everything) 계시지 않는다는 교리에 따르면, "**모든 것 안에**" 포함되는 우리는 우리가 구하는 것을 하나님께 아뢸 때 하나님의 영역 밖에 있는 것이다. 그러면 모든 시대와 모든 곳에 있는 하나님의 모든 성도에게 그토록 위로가 되는 그 큰 약속, 즉 기도에 속하고 또 특별한 섭리 속에 포함되어 있는 약속인 "우리가 알거니와 하나님을 사랑하는 자 곧 그의 뜻대로 부르심을 입은 자들에게는 모든 것이 합력하여 선을 이루느니라"(롬 8:28)는 말씀을 우리는 어떻게 할 것인가?

만일 하나님이 모든 것 안에 계시지 않는다면, "하나님을 사랑하는 자에게 합력하여 선을 이루"는 "모든 것"에서 우리가 기대할 수 있는 것은 무엇인가? 그리고 만일 모든 것이 하나님의 섭리 안에 있는 것이 아니라면, 우리의 기도에 포함될 수 있는 것은 과연 무엇인가?

우리는 하나님의 동의가 없다면 진정 아무 것도 하나님의 성도들의 삶 속으로 들어오지 못한다는 것을, 성경이 지지하는 바 확실한 근거를 가지고 있는 하나의 명제로서 단호히 주장할 수 있다. 하나님은 어떤 일이 일어날 때 언제나 거기에 계신다. 그분은 멀리 계시지 않는다. 참새도 지켜보고 계시는 하나님은 또한 성도들을 지켜보고 계신다. 무한한 공간을 채우시는 그분의 임재는 언제나 성도들이 있는 곳에도 있다. "내가 반드시 너와 함께 있으리라"(출 3:12)는 하나님이 자신의 모든 자녀들에게 주시는 말씀이다.

"여호와의 천사가 주를 경외하는 자를 둘러 진 치고 그들을 건지시는도다"(시 34:7). 주님의 천사 허락 없이는 아무 것도 하나님을 경외하는 사람들을 건드릴 수 없다. 주님의 천사장 허락 없이는 아무 것도 천사들의 진을 깨뜨릴 수 없다. 슬픔이나 고난, 궁핍이나 환난, 또는 죽음조차도 전능하신 하나님의 동의 없이는 그 신성한 진에 들어갈 수 없고, 심지어는 그 때에도 그것은 하나님의 계획 안에서 하나님의 성도들의 선과 그분의 목적들을 수행하기 위해 하나님에 의해 사용된다.

> 내가 확신하노니 사망이나 생명이나 천사들이나 권세자들이나 현재 일이나 장래 일이나 능력이나 높음이나 깊음이나 다른 어떤 피조물이라도 우리를 우리 주 그리스도 예수 안에 있는 하나님의 사랑에서 끊을 수 없으리라.(롬 8:38-39)

불쾌하고 고통스런 이런 악한 일들이 하나님의 허락과 함께 찾아올지 모르지만, 하나님은 현장에 계신다. 하나님의 손이 그 모든 것 가운데 있고, 그분은 그것들이 자신의 계획안으로 짜여지도록 조처하신다. 하나님은 그것들이 자기 백성의 선을 위해서 지배를 받게 하시며, 그리하여 영원한 선이 그것들로부터 나오게 된다. 이것들은 무수히 많은 다른 것들과 더불어 전능하신 하나님이 사람들을 다스리시는 훈련 과정에 속한다.

하나님의 섭리는 기도의 영역만큼이나 멀리까지 미친다. 그것은 우리가 기도하는 모든 것과 관계가 있다. 하나님의 눈으로 볼 때, 작은 것은 아무 것도 없다. 하나님의 주목과 그분의 돌보심을 받지 못할 만큼 하찮은 것은 아무 것도 없다. 하나님의 섭리는 성도들의 발이 돌에 채는 것에 대해서도 관계한다. "그가 너를 위하여 그의 천사들을 명령하사 네 모든 길에서 너를 지키게 하심이라 그들이 그들의 손으로 너를 붙들어 발이 돌에 부딪히지 아니하게 하리로다"(시 91:11-12).

참새에 관한 우리 주님의 말씀을 다시 한번 읽어 보라. "참새 다섯 마리가 두 앗사리온에 팔리는 것이 아니냐 그러나 하나님 앞에는 그 하나도 잊어버리시는 바 되지 아니하는도다"(눅 12:6). 바울은 정곡을 찌르는 질문을 한다. "하나님께서 어찌 소들을 위하여 염려하심이냐"(고전 9:9). 하나님의 돌보심은 가장 작은 것들에까지 미치며 사람들과 관련 있는 가장 하찮은 것들과도 관계가 있다. 섭리의 하나님을 믿는 사람은 자신에게 일어나는 모든 일 가운데서 하나님의 손길을 볼 준비가 되어 있으며 모든 것에 관해 기도할 수 있다.

섭리의 하나님을 신뢰하고 기도로 하나님께 모든 것을 가져가는 성도는 하나님의 섭리의 신비들을 설명할 수 있다는 것이 아니라, 기도하는 사람들은 범사에 하나님을 인정하고 자신들에게 찾아오는 모든 것에서 그분을 보며 요한이 갈릴리 바다에서 베드로에게 "주님이시라"(요 21:7)고 말한 것처럼 말할 준비가 되어 있다는 것이다.

기도하는 성도들은 하나님이 자신들을 다루시는 것을 감히 해석하려고 하지 않으며 하나님의 섭리를 설명하려고도 하지 않지만, 그들은 빛 가운데 있을 때 뿐만 아니라 어두움 속에 있을 때에도 하나님을 신뢰하는 법과, 심지어는 "염려가 거친 홍수처럼 밀려오고 슬픔의 폭풍우가 닥쳐올" 때에도 하나님을 믿는 법을 배웠다.

"그가 나를 죽이시리니 내가 희망이 없노라 그러나 그의 앞에서 내 행위를 아뢰리라"(욥 13:15). 기도하는 성도들은 예수님이 베드로에게 "내가 하는 것을 네가 지금은 알지 못하나 이 후에는 알리라"(요 13:7)고 하신 말씀을 진정으로 믿는다. 기도하는 사람들만이 삶의 섭리 안에서 하나님의 손길을 볼 수 있다. "마음이 청결한 자는 복이 있나니 그들이 하나님을 볼 것임이요"(마 5:8). 마음이 청결한 사람들은 하나님의 섭리와 말씀과 교회 안에서 그분을 볼 것이다. 그들은 세상사에서 하나님을 제외시키지 않는 사람들이며, 하나님이 자신들을 위해 세상사에 개입하신다는 것을 믿는 사람들이다.

하나님의 섭리는 모든 사람들과 관계가 있지만, 그럼에도 자신의 나라(government)에 대한 하나님의 감독과 행정은 특히 자기 백성을 위한 것이다. 기도는 하나님의 섭리가 작용하게 한다. 기도는 하나님을 움직여 인간의 선을 위해서 세상사를 감독하고 지도하시게 한다. 기도는 길이 막히거나 방해를 받을 때 그것을 열어준다.

섭리는 특히 현세의 일들을 다룬다. 하나님의 섭리가 가장 밝게 빛나고 또한 가장 확실히 보이는 곳은 바로 이 영역에서다. 그것은 음식과 의복, 사업상의 어려움, 방해와 위험으로부터의 구출, 그리고 위급한 상황에서 시기적절하고 결정적인 도움을 주는 것과 관계가 있다.

이스라엘 백성이 광야를 지나는 동안 하나님이 그들을 먹이신 것은 하나님이 자기 백성의 현세의 일을 돌보시는 그분의 섭리를 보여주는 두드러진 예다. 하나님이 그 백성을 다루시는 것은 그분이 그 긴 여정에서 그들에게 어떻게 공급해주셨는지를 보여준다.

날마다 만나가 내렸도다.
아, 이 교훈을 잘 배운다면!
아직도 한없는 자비로 먹이시니
주님, 제게 일용할 양식을 주옵소서.

매일매일 약속이 낭송하네.
매일의 필요를 위한 매일의 힘이라고.
불길한 두려움을 물리치고
오늘의 만나를 취하라.

산상설교에서 우리 주님은 이 동일한 섭리의 교훈을 가르치신다. 예수님은 이렇게 말씀하셨다. "그러므로 내가 너희에게 이르노니 목숨을 위하여 무엇을 먹을까 무엇을 마실까 몸을 위하여 무엇을 입을까 염려하지 말라 목숨이 음식보다 중하지 아니하며 몸이 의복보다 중하지 아니하냐"(마 6:25). 이어서 예수님은 공중의 새를 먹이시고 들의 백합을 입히시는 것은 하나님의 섭리라는 사실에 주의를 환기하신다. 그런 다음, 그분은 하나님이 새들과 꽃들을 위해 이 모든 것을 행하신다면 어찌 자신의 자녀들을 돌보지 않으시겠느냐고 물으신다.

이 모든 교훈은 인간의 현세적 필요들을 돌보는 통치의 섭리에 대해 어린아이와 같고 절대적인 신뢰가 필요함을 말해준다. 그리고 이 모든 교훈은 우리 주님이 기도에 관해 언급하시는 말씀과 밀접하게 관련되어 있으며, 그래서 하나님의 감독을 기도와 그것의 약속들과 밀접하게 관련시키는 것에 특히 주목해야 한다.

우리에게는 엘리야가 하나님의 명령에 따라 그릿 시냇가로 갔을 때 하나님이 까마귀를 보내셔서 자신의 선지자인 그를 먹이신 경우에서 볼 수 있는 하나님의 섭리에 대한 감명 깊은 교훈이 있다. 여기에서 하나님의 개입이 그토록 분명하기에 우리는 인간사에서 그분을 제외시킬 수 없다. 하나님이 자신의 종에게 빵이 떨어지는 것을 허락하시기 전에, 그분은 공중의 새를 움직여 자신의 명령을 수행하고 자신의 선지자를 돌보게 하셨다.

그러나 그것이 전부가 아니었다. 시냇물이 마르자 하나님은 그를 한 가난한 과부에게로 보내셨는데, 그 착한 여인에게는 자신과 아들의 긴급한 필요를 채워 줄 음식과 기름밖에 없었다. 그럼에도 그녀는 자신이 가진 밀가루로 작은 떡 한 개를 만들어 그에게 나누어 주었다. 그 결과는 어떠했나? 하나님의 섭리가 나타나서 가뭄이 끝날 때까지 기름병에 기름이 없어지지 않았고 통속의 가루도 떨어지지 않았다.

구약은 전능하신 하나님이 자기 백성에게 공급해 주신 것들을 설명해 주는 실례들로 빛나며 하나님의 통치의 섭리를 분명하게 보여준다. 실제로, 구약은 대부분 특별한 백성을 다루고 그들의 모든 현세적 필요를 충족시키고 그들이 위기 상황에 처해 있을 때 그들을 돌보며 그들에게 닥친 환난을 축성하는 섭리를 설명한다.

그 안에 하나님의 섭리에 대해 아주 많은 것을 담고 있는 뉴턴(Newton)의 옛 찬송가 가사는 읽어볼 만한 가치가 충분히 있다.

> 환난이 밀려오고 위험이 두렵게 하여도,
> 친구들이 떠나고 적들이 연합해도,
> 나를 지켜주는 것 한 가지 있네.
> 어떤 일이 일어나도 주께서 필요한 것을
> 공급해주신다는 그 약속이 우리를 책임지네.
>
> 곳간이나 창고가 없는 새들도 먹이시니,
> 우리의 양식을 위해 주님을 신뢰하는 것,

그것들로부터 우리가 배워야 하리.
주의 성도들에게 필요한 것
결코 거절당하는 일이 없으리.
성경에 써 있는 말씀대로
주님이 필요한 것을 공급해 주시리.

실제로, 우리가 부르는 옛 찬송들 중에는 하나님의 섭리에 관해 노래 속에 정감이 가득 담겨 있는 찬송들이 많이 있는데, 그것들은 오늘날에도 읽고 또 노래 부를 만한 가치가 충분히 있다.

하나님은 인생의 가장 비참하고 슬픈 사건들 속에 함께 계신다. 그와 같은 사건들은 모두 기도의 제목들로 적절하다. 왜냐하면 기도하는 사람의 삶에 찾아오는 모든 것은 하나님의 섭리 안에 있으며 그분의 감독하시는 손아래서 일어나기 때문이다. 어떤 이들은 인생의 슬프고 힘든 상황들로부터 하나님을 제외시키곤 한다. 그들은 말하기를, 하나님은 우리에게 그런 슬픔을 가져다 주는 어떤 사건들과 아무런 관계가 없다고 한다. 하나님은 어린이들의 죽음과 관계가 없고 그들은 자연적인 이유로 죽게 되며 그것은 단지 자연 법칙의 작용이라고 그들은 말한다.

하나님의 법칙, 즉 하나님이 세상을 다스리시는 법칙을 제외한 자연의 법칙이란 무엇인가라고 묻자. 그러면 어쨌든 자연이란 무엇인가? 하나님은 자연을 초월해 계시고 자연을 통제하고 계시며 자연 안에 계시다는 것을 알 필요성이 참으로 크다! 우리는 자연 또는 자연 법칙들은 단지 그 법칙들을 만드신 전능하신 하나님의 종들에 지나지 않다는 것과, 하나님이 직접적으로 그 안에 계시다는 것, 그리고 그것들은 하나님의 은혜로운 계획들을 성취하고 그분의 은혜로운 목적들을 수행할 하나님의 종들이라는 것을 알 필요가 있다. 섭리의 하나님, 즉 그리스도인들이 기도하는 하나님이요 자녀들의 선을 위해 그들을 대신하여 개입하시는 하나님은 자연을 초월해 계신다. 그분은 자연에 속한 모든 것을 완전하고도 절대적으로 관제하신다. 그리고 자연의 법칙은 하나님이 동의를 하지 않으시면, 그리고 그와 같은 슬픈 사건이 널리 만물을 내다보시는 그분의 눈 아래에서 직접적으로 발생하지 않는다면, 그리고 그분이 직접적으로 임재하지 않으시면, 어린아이에게서 조차도 결코 생명을 빼앗아갈 수 없다.

다윗은 자기 아들의 생명을 위해 금식하며 기도할 때 이 교리를 믿었다. 만일 하나님이 그 아이가 죽어야 할 때 그의 죽음과 아무런 관계가 없었다면, 그는 왜 그 아이를 살리기 위해 기도하고 금식을 했겠는가?

더욱이 "소들을 위하여 염려하"시고(고전 9:9), 땅에 떨어지는 참새들을 직접적으로 감독하시는 하나님이 불멸의 어린아이가 이 세상을 떠나가는 것과 아무런 관계가 없다는 것이 가능한가? 게다가, 어떤 이들이 주장하듯이, 비록 한 어린아이의 죽음이 단지 자연 법칙의 작용에 의해서 온 것이라 할지라도, 그것은 그 아이의 부모에게는 큰 고통이다. 이 무고한 부모는 그와 같은 교리 하에서는 어떻게 되는가? 그것은 어머니와 아버지에게 큰 슬픔이 된다. 그들은 어린아이가 죽을 때 하나님의 손길을 인지하지 못하는가? 그들의 자녀를 데려가실 때 그들에게 대한 섭리나 하나님의 감독은 없는가?

다윗은 하나님이 자기 아들의 생명을 지키시는 것과 관계가 있고 기도는 죽음에서 자기 아들을 구해내는데 효력이 있으며 아이가 죽었을 때 그것은 하나님이 죽음을 허락하셨기 때문이라는 것을 분명하게 인식했다. 기도와 섭리는 이 모든 일에 사이 좋게 협력하면서 작용했고, 다윗은 철저하게 그것을 이해했다. 전능하신 하나님의 직접적인 허락 없이는 어린아이는 결코 죽지 않으며, 그와 같은 일은 현명하고 유익한 목적을 위한 그분의 섭리 안에서 생긴다. 하나님은 역사하심으로 그것을 아이 자신과 부모 그리고 그와 관련되어 있는 모든 사람에 관한 자신의 계획 속에 끼워 넣으신다. 더욱이, 아이가 사느냐 죽느냐는 기도의 제목이다.

> 모든 인생사에서 아주 분명하게
> 나는 주님의 통치의 손길을 보네.
> 내 영혼의 모든 축복이 가장 극진하니,
> 그 모든 것 주님이 주셨기 때문이라네

하나님의 공급과 기도

기도의 바른 개념은 기도자가 생명이 있는 동안 자비를 구하면서 희생 제물의 머리 위에 믿음의 손을 얹고 하나님 앞에 혼을 쏟아놓는 것이며, 그가 언제나 전력을 다해 오직 하나님을 사랑하고 그분을 섬기기를 간절히 바라면서 하늘에 계신 하나님의 지혜에 합당하다고 여겨지는 대로 인도를 받고 다스림을 받기 위해서 몸과 혼과 영을 포기하면서 영혼 자체를 하나님께 자발적인 제물로 드리는 것이다.
—아담 클라크(Adam Clarke)

하나님이 인간을 다루시는 데는 두 종류의 섭리가 있음을 보게 되는데, 직접적 섭리(direct providences)와 허용적 섭리(permissive providences)가 그것이다. 하나님은 어떤 것들에 대해서는 명하시지만, 다른 어떤 것들에 대해서는 허용하신다. 그러나 하나님이 사건들의 비참한 상태가 성도의 삶 속으로 들어오도록 허용하신다면, 비록 그것이 악한 마음에서 시작되고 죄인이 저지른 행위일지라도, 그것은 자신의 성도에게 타격을 주고 또 그를 해치기 이전에 그 성도를 향한 하나님의 섭리가 된다.

다시 말하면, 하나님은 이 세상의 어떤 일들—그것들 중 많은 것들은 매우 고통스럽고 힘이 든다—에 대해 조금도 책임을 지지 않거나 그것들이 일어나는 사람에게 조금도 변명을 하지 않고 그것들을 허용하신다. 그와 같은 사건들이나 일들은 언제나 하나님의 성도에게 그를 향한 하나님의 섭리가 된다. 그래서 성도는 이 모든 슬프고 비참한 경험들에 대해서 "이는 여호와이시니 선하신 대로 하실 것이니라"(삼상 3:18)고 말할 수 있다. 또는 시인과 같이 "내가 잠잠하고 입을 열지 아니함은 주께서 이를 행하신 까닭이니이다"(시 39:9)라고 말할 수 있다.

이것은 욥이 당한 모든 모진 고통을 설명해 준다. 그것들은 하나님의 섭리 가운데에서 그에게 왔다. 비록 그것들의 기원이 그것들을 궁리하고 그것들을 실행에 옮긴 사탄의 마음에서 시작되었다 할지라도 말이다. 하나님은 사탄으로 하여금 욥을 괴롭히고 그의 재산과 자녀들을 빼앗

아갈 수 있도록 허용하셨다. 그러나 욥은 그 모든 것을 우연히 일어난 일이나 사고 때문이라고 생각하지 않았다. 그는 그것들을 사탄의 행위(agency)라고 탓하지도 않았다. 오히려 그는 "주신 이도 여호와시요 거두신 이도 여호와시오니 여호와의 이름이 찬송을 받으실지니이다"(욥 2:9)라고 말했다. 그는 그 모든 것들을 자신이 경외하고 섬기고 의지하는 하나님으로부터 오는 것으로 받아들였다.

욥은 자신의 아내가 그 문제에 대해 하나님을 무시하면서 남편인 자신에게 "하나님을 욕하고 죽으라"(요 2:9)고 악하게 말할 때에도 이전과 같은 뜻의 말을 했다. 욥은 이렇게 대답했다. "그대의 말이 한 어리석은 여자의 말 같도다 우리가 하나님께 복을 받았은즉 화도 받지 아니하겠느냐 하고 이 모든 일에 욥이 입술로 범죄하지 아니하니라"(욥 2:10).

하나님이 욥을 다루시는 것에 대한 그러한 견해에 입각하여 볼 때, 이 믿음의 사람에 대해 다음과 같이 기록하고 있는 것은 결코 놀랄만한 것이 아니다. "이 모든 일에 욥이 입술로 범죄하지 아니하니라"(욥 2:10). 그리고 다른 곳에서는 "이 모든 일에 욥이 범죄하지 아니하고 하나님을 향하여 원망하지 아니하니라"(욥 1:22)고 말한다. 하나님과 삶의 사건들에 관한 일에서 사람들이 이 세상에서의 하나님의 섭리에 대해 무지한 판단을 내릴 때보다 더 어리석고 심지어는 악하게 말하는 경우는 없다. 아, 사람들로 하여금 섭리 안에 있는 하나님의 손길을 보고 그 안에서 하나님을 공공연히 인정하는 욥의 모범—비록 고통과 상실이 매우 심하게 되었을지라도—을 따르게 한다면 얼마나 좋을까!

이 모든 고통스런 경험의 결론은 바울의 비슷한 고백의 말을 예시해 준다. "우리가 알거니와 하나님을 사랑하는 자 곧 그의 뜻대로 부르심을 입은 자들에게는 모든 것이 합력하여 선을 이루느니라"(롬 8:28). 욥은 결국에는 전에 잃었던 것보다 더 많은 것을 되돌려 받았다. 그는 그 엄청난 어려움을 딛고 일어나 승리를 거둠으로 오늘날까지 하나님의 섭리를 굳게 믿고 오래 참음으로 어려움을 잘 견뎌낸 본보기가 되었다. "너희가 욥의 인내를 들었고"(약 5:11)라는 말씀은 하나님의 계시의 경로를 따라 울려 퍼지고 있다. 하나님은 사탄의 악한 행위들을 취하여 그것들을 자신의 계획 속에 넣으시고는 그것들로부터 아주 좋은 것이 생기게 하셨다. 하나님은 조금도 악을 지지하거나 그것의 원인이 되지 않고서 악을 바꾸어 선을 이루셨다.

우리에게는 요셉과 그를 악의적으로 애굽에 팔아 넘겨 버리고는 늙은 아버지를 속였던 그의 형제들의 이야기 속에 분명하게 나타난 하나님의 섭리에 대한 동일한 은혜로운 진리가 있다. 그 모든 것은 그들의 악한 마음에서 비롯되었다. 그렇지만 그것이 하나님의 계획과 목적에 닿았을 때, 그것은 요셉의 미래에 대해서도, 야곱의 자손들의 미래에 대해서도 하나님의 섭리가 되었다. 요셉은 애굽으로 내려온 자신의 형들에게 자신을 알리고는 다음과 같이 말했는데, 그의 말속에는 애굽에서 자신이 겪은 모든 고통스런 사건들을 하나님의 마음으로 회고하면서 그것들을 야곱과 그의 번영에 관한 하나님의 목적들을 성취하는 것과 관련시키는 내용이 담겨져 있다. 요셉이 자신의 형들에게 했던 말을 들어 보라.

> 당신들이 나를 이 곳에 팔았다고 해서 근심하지 마소서 한탄하지 마소서 하나님이 생명을 구원하시려고 나를 당신들보다 먼저 보내셨나이다…하나님이 큰 구원으로 당신들의 생명을 보존하고 당신들의 후손을 세상에 두시려고 나를 당신들보다 먼저 보내셨나니 그런즉 나를 이리로 보낸 이는 당신들이 아니요 하나님이시라 하나

님이 나를 바로에게 아버지로 삼으시고 그 온 집의 주로 삼으시며 애굽 온 땅의 통치자로 삼으셨나이다.(창 45:5,7-8)

카우퍼(Cowper)의 잘 알려진 찬송 중 한 절을 이것과 연관 지어 읽어보아도 좋을 것이다.

> 하나님은 신비로운 방식으로 행하사
> 자신의 경이들을 이루시네.
> 그분은 바다에 발자국을 남기며
> 폭풍을 타고 가시네.

그 동일한 주제가 유다가 우리 주님을 배반하는 이야기 속에 나타난다. 물론, 그것은 한 악인의 사악한 행위였지만 아버지 하나님이 승낙하시기 전까지 우리 주님께 일어나지 않았다. 하나님은 유다의 악한 계획을 취하여 그것을 세상의 구속을 위한 자신의 계획을 성취하는데 사용하셨다. 그것은 유다에게 선이 그의 사악한 행위에서 나왔다는 핑계거리를 준 것이 결코 아니다. 오히려 그것은 그저 하나님이 그것을 뒤집어 인간의 구속을 달성하는 방식으로 사용하신 데 대해서 그분의 지혜와 위대하심을 크게 보여주는 것이다. 하나님은 인간을 다루실 때 언제나 그렇게 하신다. 제 2의 원인들로부터 우리에게 오는 일들은 하나님께 예기치 못한 일이 아니며, 그것들은 그분의 다스림을 벗어나지 못한다. 하나님의 손길은 기도에 대한 응답으로 그것들을 제어하실 수 있으며, 환난이 어느 방향에서 오든지 하나님은 그것을 사용하여 "지극히 크고 영원한 영광의 중한 것을 우리에게 이루게"(고후 4:17) 하실 수 있다.

하나님의 섭리는 성도들의 앞에 가서 길을 열고 어려움을 제거하고 문제들을 해결하며 피할 길이 없어 절망적으로 보일 때 해방을 가져온다. 하나님은 자신이 이스라엘 백성의 지도자로 선택하신 모세의 손을 통해 애굽에서 이스라엘을 이끌어내셨다. 그들은 홍해에 이르렀지만 물이 그들 앞을 가로막고 있었고 도항이나 다리 같은 것은 있지도 않았다. 한 쪽에는 높은 산들이 있었고 뒤에서는 바로의 군대가 추격해 오고 있었다. 모든 피할 길이 막혀 있었고 희망이라고는 전혀 없어 보였다. 거의 절망만 남아 있는 것 같았다. 그러나 사람들이 간과한 하나의 길이 열려 있었다. 바로 위로 향한 길이었다.

하나님을 믿는 믿음의 사람이요 기도의 사람인 모세가 거기에 있었다. 하나님의 섭리를 잘 알고 있던 그 기도의 사람은 백성들을 향해 다음과 같이 당당한 목소리로 힘차게 말했다. "너희는 두려워하지 말고 가만히 서서 여호와께서 오늘 너희를 위하여 행하시는 구원을 보라"(출 14:13). 이렇게 말한 다음 그는 하나님의 명령에 따라 지팡이를 들어 바다를 향해 손을 내밀었다. 곧이어 물이 갈라졌고 모세에게 "이스라엘 자손에게 명령하여 앞으로 나아가게 하"(출 14:15)라는 명령이 떨어졌다. 그러자 이스라엘 백성은 마른땅으로 걸어서 바다를 건너갔다. 하나님이 길을 여셨고 해결이 불가능한 위험상황 같아 보이던 것이 아주 놀라운 구원으로 바뀌었다.

하나님의 백성이 걸어가는 길이 막혔을 때 하나님이 그들을 위해 개입하신 경우가 그 때가 처음은 아니다. 유대인의 전 역사는 하나님의 섭리의 이야기이다. 구약은 하나님의 통치하시는 섭리의 교리를 받아들이지 않는다면 참된 말씀으로 받아들여질 수 없다.

성경은 무엇보다도 하나님의 계시이다. 성경은 인간의 이성이나 과학 또는 철학으로는 결코 알 수 없는 이 세상과 그곳의 거주자들을 다스리시는 하나님, 그분의 성격 그리고 그분의 방식에 관한 것들을 알려주고 드러내며 밝혀준다. 성경은 하나님이 인간에게 자기 자신을 계시하시는 책이다. 그리고 이것은 특히 하나님이 자신의 피조물을 돌보시고 세상을 감독하시며 세상사를 주관하시는 것을 고려할 때 참되다. 섭리의 교리를 반박하는 것은 하나님의 계시의 말씀 전체를 믿지 않는 것이다. 이 말씀은 어디서나 인간사에 나타난 하나님의 손길을 보여준다.

신약뿐만 아니라 특히 구약은 기도와 섭리의 이야기이다. 구약은 하나님이 기도의 사람들을 다루시는 이야기이며, 하나님이 세상사에 직접 개입하시는 것을 믿는 사람들을 다루는 이야기이다. 그것은 또한 자기 백성을 위해서 그리고 창조와 구속에 관한 자신의 계획과 목적 안에서 자신의 일을 추진하기 위해서 이 세상을 감독하시는 하나님의 방식을 다루는 이야기이다.

기도하는 사람들과 하나님의 섭리는 함께 간다. 성경에 나오는 기도하는 사람들은 이 점을 철저하게 이해했다. 하나님은 모든 일과 관련되어 있었기 때문에 그들은 모든 것에 대해서 기도했다. 그들은 기도로 모든 것을 하나님께 가져갔다. 왜냐하면 하나님의 섭리는 모든 것과 관계가 있다고 그들은 믿었기 때문이다.

그들은 자기 성도들과 피조물들을 자연이라고 불리는 폭군과, 눈이 멀고 완고하며 그것에 순응하는 사람들에 전혀 개의치 않는 자연 법칙들의 자비에 맡겨두고는 우주 공간의 은밀한 곳으로 물러나 계신 분이 아니라 언제나 임재하시는 하나님을 믿었다. 만일 그러한 이신론적 신 개념이 하나님에 대한 바른 개념이라면, 왜 사람들이 그분에게 기도할까? 하나님은 너무 멀리 계셔서 그들의 기도를 들으실 수 없을 거라는 것과, 너무 무관심해서 이 땅에 있는 사람들에 관해서 전혀 고민하지 않으실 거라는 것은 상상도 못할 일이다.

이런 기도의 사람들은 곤란한 때에 그리고 곤경의 때에 도움을 구하는 자신들의 부르짖음에 기쁘게, 즉시 그리고 자진하여 응답하실 특별한 섭리의 하나님을 믿는 절대적인 믿음을 가지고 있었다. 이른바 자연법칙들은 조금도 그들을 괴롭히지 못한다. 하나님은 자연을 초월해 계시며 자연을 다스리신다. 자연은 전능하신 하나님의 종에 지나지 않는다. 자연의 법칙들은 그저 하나님 자신의 법칙들이다. 왜냐하면 자연은 하나님이 손으로 지으신 것에 지나지 않기 때문이다. 자연 법칙들은 일시 중지할지도 모르지만, 그렇다고 해서 재앙이 일어나지는 않을 것이다.

모든 지식인은 이러한 사실을 훤히 알고 있기에 매일 누군가 중력의 법칙을 다스리고 극복하는 것을 볼 때, 아무도 자연의 법칙들이 침해당하고 있다는 생각에 놀라거나 무서워 손을 들거나 목소리를 높이지 않는다. 하나님은 법과 질서의 하나님이시며, 자연과 섭리와 은혜 안에 있는 그분의 모든 법칙들은 충돌이나 부조화가 없이 완전한 조화 속에서 함께 작용한다.

하나님은 기도가 없이도 또는 기도와 상관 없이도 질병과 비의 법칙들을 일시 중지시키거나 압도하기도 하신다. 그러나 하나님은 아주 빈번하게 기도에 대한 응답으로 그렇게 하신다. 비나 건조한 날씨를 위한 기도는 하나님의 도덕적 통치권 밖에 있지 않으며, 그것은 하나님께 자신이 만드신 어떤 법칙을 위반하라고 요청하는 것이 아니라 그분 자신의 법칙들에 따라 그분 자신의 방식으로 비를 달라고 하나님께 구하는 것이다. 그래서 질병을 꾸짖어 달라고 하는 기도도 자연법칙과 불화하라고 요구하는 것이 아니다. 그보다는 오히려 그것은 법칙과 일치하는 기도이며, 심지어는 전능하신 하나님에 의해서 작용하도록 설정된 법칙인 기도의 법칙과 일치하는 기도이다. 이른바 비를 다스리거나 병을 관제하는 자연법칙처럼 말이다.

기도의 법칙을 믿는 사람은 자신의 간구에 바탕을 둘 견고한 토대를 가지고 있다. 기도의 동반자인 신적 섭리를 믿는 사람도 동일하게 자신이 흔들리지 않을 아주 견고하고 단단한 토대들 위에 서 있는 것이다. 이 두 교리는 굳게 서서 영원히 거할 것이다.

> 모든 상황에서, 아플 때나 건강할 때나
> 가난의 골짜기에 있을 때나 부가 넘칠 때나
> 집에 있을 때나 밖에 있을 때나
> 육지에 있을 때나 바다에 있을 때나
> 당신의 날들이 요구하는 한에서
> 당신의 힘이 언제나 변함없이 함께 있으리.

독자들에게 사랑받는 드림북 추천도서

www.dreambook21.co.kr | 블로그 http://cafe.naver.com/dreambookpub.cafe

공평하신 하나님

송명희 지음 | 182면 | 정가 8,000원

주님을 부르는 송명희 시인의 울림!
이 시대를 대표하는 시인의 대표작 모음선
찬양으로 만들어져 수없이 듣고 불렀어도
공평하신 하나님을 모르다가
그 뜻을 점차 알게 되었다.
그 고백을 여기에 담는다.

주일학교 교사가 꼭 알아야 할 24가지 비결

엘머 타운즈 지음 | 박민희 옮김 | 정가 7,000원

하나님은 당신을 사용해
천하보다 귀한 아이들을 꿈꾸게 하신다.
좋은 교사는 많이 배운자가 아니라
하나님을 사랑하듯 아이들을 사랑하고
주께서 자신에게 주신 은사를 알고
어떻게 사용할 것인가를 생각하는 자이다.

새신자교리 업그레이드

윤상덕 지음 | 정가 6,000원

새신자들 뿐만 아니라 교리에 대해 고민하는
모든이들에게 좋은 출발이 되어주는 도서!
좀더 깊은 신앙을 갖기 원하고, 기독교 신앙의 근본이 무엇인지
확인하고 싶은 새신자에게나, 기독교에서 '교리' 가 왜 중요한지
교리를 아는 것이 실제 신앙인으로서의 '삶' 과 어떻게 깊은
관계를 맺을 수 있는지 고민하는 사람분들에게 적극 추천한다.

독자들에게 사랑받는 드림북 추천도서

www.dreambook21.co.kr | 블로그 http://cafe.naver.com/dreambookpub.cafe

복음, 이렇게 전하자

그렉 로리 지음 | 박민희 옮김 | 정가 7,000원

**이렇게 쉽게 복음을 전하고
신앙을 나눌 수 있다!!**
당신의 심장은 당신 주변에 있는 사람들과
복음의 희망을 나누고 싶어서 못견뎌 하는가?
당신에게는 아직 주님을 알지 못하는 사람들에 대한
부담이 있는가? 그렇다면 여기 그 해답이 있다

순교자 주기철 목사의 생애

김충남 지음 | 정가 9,000원

**일사각오의 신앙으로 순교한
한국기독교의 중심 주기철 목사!!**
7년에 걸쳐 수집한 자료로 집필하여 철저한 고증을 통하였
다. 아울러 이땅의 부흥을 꿈꾸는 이들에게 전하는 작은 선
물이 될 것이다.

개역 개정판에 맞춘 **핵심 성경 문제집**

홍동표 지음 | 정가 신약, 구약(상) 12,000원 구약(하) 13,000원

**갓피플이 선정한 최고의 성경문제집
갓피플에서 매주 본서로 성경퀴즈를 출제합니다.**

- 신학대학교나 신학대학원 입학생들의 성경시험 준비
- 각 학교의 성경 시험
- 성경퀴즈 대회 대비용
- 개역개정 4판의 성경책으로 문제를 만들었습니다.

【 심약한 사람은 읽지 마십시오 】

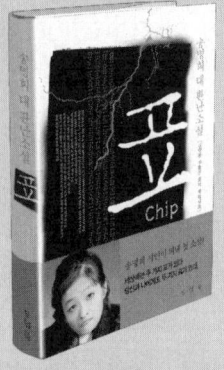

내가 말하고 싶은 것은 인체 칩이라기보다
그 시스템을 조정하게 될 정권을 알리고 싶다

한국 기독교 소설 또하나의 이정표를 세운 화제작!
출판 후 대형 서점과 인터넷서점의
스테디셀러로 끊임없는 사랑을 받고 있는 도서!!

송명희 지음 | 46양장 | 208면 | 정가 9,900원

송명희 대환난 소설 표

복음송 '나'의 작시자 송명희 시인의 자전 에세이

태어날 때부터의 이야기에서부터 시작하여
최근까지의 근황을 담았습니다

내가 너를 들어 쓰리라

송명희 지음 | 46판 양장 | 274면 | 12,000원